701

昭和歌謡ものがたり

松井信幸
Nobuyuki Matsui

アルソス新書

はじめに

平成、令和と元号が変わった後も「昭和歌謡」の人気には根強いものがある。

イントロや歌詞のワンフレーズが耳に届くだけで、まるでタイムマシンに乗ったかのように、その歌を聴いていた時代に引き戻される経験は、誰しも持っているのではないだろうか。

しかも、その感覚を多くの人と共有できる点が「昭和歌謡」の素晴らしいところだと改めて思う。

たしかにテレビの地上波で歌謡曲あるいはJ‐POPを放送する番組は激減してしまったが、隣のBSにちょいとチャンネルを合わせれば、毎日のように「昭和歌謡」を扱った番組を観ることができる。

シニア世代にとって「昭和歌謡」はまだまだ魅力的なコンテンツなのだ。

ただ、ひと口に「昭和歌謡」といってもその姿は様々で、時代によって徐々に変化を遂げてきた。特に変化が大きかったのは、昭和20年代と昭和30年代の境目あたりではなかろうか。では、その頃に何が起きたのか……。

例えば、洋楽の広がり。占領時代が終わって駐留米軍が撤退を始めると、米軍キャンプを回っていたミュージシャンたちが仕事を失い、日本人相手のバーやキャバレー、ジャズ喫茶などに活躍の場を求めた。それまで敷居が高かった洋楽も、敗戦の混乱から脱した日本人の〝手が届く娯楽〟になりつつあった。

また、新たなメディアとして登場したテレビも、洋楽の普及に手を貸した。

その最たる例が、昭和33年に突如として花開いた「ロカビリー・ブーム」だろう。平尾昌章（のちに昌晃と改名）、ミッキー・カーチス、山下敬二郎は〝ロカビリー三人男〟と呼ばれ、狂乱のブームを巻き起こした。

一方で、「昭和歌謡」の内部でも大きな変革が生まれようとしていた。

その旗手となったのが、昭和30年に『別れの一本杉』を世に出した作詞家高野公男と作曲家船村徹のコンビである。

泣けた　泣けた
こらえきれずに泣けたっけ
あの娘《こ》と別れた哀《かな》しさに
山のかけすも鳴いていた
一本杉の
石の地蔵《じぞう》さんのよ　村はずれ

『別れの一本杉』より

昭和20年代の終わり頃、歌謡曲の世界は停滞状況にあったと言われている。戦後の歌謡界を支えてきた作詞家・作曲家の重鎮たちが、まだ第一線で活躍を続けており、新陳代謝が進まなかったのもその一因だ。ベテランはどうしても自らの成功体験を元に作品を作ろうとする。新たな発想による作品が生まれにくいのは、どの世界でも同じだろう。

そんな膠着した歌謡界に一石を投じたのが、東洋音楽学校（現：東京音楽大学）で出会った高野公男と船村徹だった。

北関東出身で音楽学校の中で浮いていた二人は、「額に汗して働く民衆のための音楽」を目指そうと意気投合する。年長の高野は、いつもこう言って船村を鼓舞したという。

「おれは茨城弁で作詞する。おまえはそれを栃木弁で曲にしろ」

当時は高度成長期の入口で、労働者不足を解消するため地方から大量の集団就職者が都会に送り込まれる時代だった。しかし、その若き働き手が歌いたい歌、彼ら彼女らの心情を歌った歌が歌謡界には見当たらなかった。

そこで、高野と船村は、故郷を思う日本人の心に寄り添う歌、いわゆる「望郷歌謡」を世に送り出すことに腐心したのである。

その後、春日八郎、島倉千代子、三橋美智也らが「望郷歌謡」の担い手となっていく。

昭和30年代前半の大衆音楽の世界は、「望郷歌謡」と「ロカビリー」がつば迫り合いをくり返しながら併存し、さらに「ムード歌謡」が勃興する摩訶不思議な空間でもあったのだ。

やがてロカビリー・ブームはわずか数年で終焉を迎えるが、そこで活躍したミュージシャンたちは時代に合わせて少しずつ変容しながら、ショービジネスの世界で生き残ってゆく。

そして、昭和歌謡の凄みは、敵対していたかに見えるジャンルを徐々に飲み込んで消化し、自身のキャパシティを広げていくところにある。その後のカバーポップスやグループ・サウンズ（GS）、フォークソング、ニューミュージックがたどった歴史を見れば、その〝怪物〟ぶりは明らかだろう。

本書は、昭和歌謡が変容を始めた昭和30年代を皮切りに、時代を代表するヒット曲を取り上げ、その制作秘話や歌い手、作り手にまつわるエピソードなどをまとめたものだ。各曲の冒頭には1《ワン》コーラス分の歌詞を掲載している。記憶をたどりながら、メロディとともにその時代の風景を思い出していただきたい。

私たちが歌と記憶が結びつく〝幸せな時代〟に暮らしていたことを実感していただければ幸いである。

二〇二三年五月

松井信幸

※本文中に掲載した歌詞は、『歌謡曲のすべて 上 歌詞集』（浅野純編 全音楽譜出版社）および「Uta-Net」に準拠している。

昭和歌謡ものがたり　目次

昭和30年代のヒット曲

昭和40年代のヒット曲

昭和50年代・昭和60年代のヒット曲

参考文献

昭和30年代のヒット曲

有楽町で逢いましょう（昭和32年）

作詞：佐伯孝夫　作曲：吉田正　歌：フランク永井

あなたを待てば　雨が降る
濡《ぬ》れて来《こ》ぬかと　気にかかる
ああビルのほとりの　ティー・ルーム
雨も愛《いと》しや　唄ってる
甘いブルース
あなたと私の合言葉《あいことば》
「有楽町で逢いましょう」

写真提供 ビクターエンタテインメント

この歌は、昭和32年に百貨店「有楽町そごう」が開業した際、キャンペーンソングとして作られた。今からは想像もつかないが、当時の有楽町にはまだ戦後の闇市の暗く汚いイメージが残っていたという。そごう側には、百貨店開業を前にそうした負のイメージを払拭する狙いがあった。

時計の針を少し戻そう。昭和20年代後半の日本は、高度成長時代の入口に立ち活気にあふれていた。銀座や新橋周辺には、国産ウイスキーをハイボールで飲ませるバーが店を増やし、赤ちょうちんに縄のれんの居酒屋とは違うハイカラな雰囲気で人気を集めていた。

そんなバーやナイトクラブに毎晩のように足を運ぶ作曲家がいた、吉田正である。

吉田は浮き沈みの激しい歌謡界を生き延びながら、大きな壁を感じていた。その視線の先には、昭和の歌謡界に君臨する二つの山脈——哀調を帯びたメロディで日本人の心をつかんだ古賀政男と、ジャズを取り込み洗練されたリズムでファンを沸かせる服部良一がいた。

この二つの巨大な山を越える道はどこにあるのだろう。吉田は、その道も見つからないのに「作曲家」を名乗るのは、どこか恥ずかしい気さえしていた。


普段から「大衆歌謡は机の上にはない、必ず街の中にある」と信じ、夜の街に通い詰めていた吉田だったが、人気のハイカラな店でかかる音楽はほとんどが洋楽。日本の歌謡曲は見向きもされていなかった。

吉田はふと、洋酒を飲ませるバーに合う都会的な曲を書けないだろうかと思いついた。現代的な「都会派歌謡」が確立できれば、偉大な先輩にはない特徴が出せるかもしれない。

バーやナイトクラブ通いを続けながら、吉田は店を訪れる若者たちの言葉遣いからファッション、街の佇まいに至るまで、熱心に観察した。そして、過去にシングル曲を書いた縁で親しくなった映画スター鶴田浩二のために、彼の新境地を開く作品『街のサンドイッチマン』を提供する。

サンドイッチマン　サンドイッチマン
俺《おい》らは街《まち》の　お道化者《どけもの》

『街のサンドイッチマン』より

この曲のヒットで都会派歌謡の可能性を感じ始めた頃、吉田は、とあるナイトクラブで一人のジャズ歌手と出会う。それがフランク永井だった。永井のソフトな低音に吉田は惹かれた。この声を生かせれば、きっと新しいヒット曲が生まれる……。

しかし、永井は吉田の誘いを断った。当時の流行歌の歌い手は声を張る歌い方が主流。ところが、永井はアメリカを代表するポピュラー歌手ビング・クロスビーに憧れ、ささやくように歌う「クルーナー唱法」を理想としていた。

もし、歌謡曲に転向すれば、歌い方自体を変えなければいけない。そんな面倒なことは御免だと、永井は頑なに首を縦に振らなかった。

そこで吉田は、永井を一旦ジャズ歌手としてデビューさせてから、1年がかりで歌謡曲への転向を説得した。その間にレッスンを行い、ジャズの唱法から永井の特徴を生かした歌謡曲の唱法へと、シフトチェンジを図ったのである。

ちょうどその頃、「有楽町そごう」が開業に向けて新聞広告を出した。その時のキャッチフレーズが「有楽町で逢いましょう」。

広告を見た作詞家佐伯孝夫が「これはいける」と直感して、すぐにレコード会社と掛け合い、そごうとのタイアップが実現。詞を受け取ってすぐ作曲に取りかかった吉田は、夜通し集中して譜面に向かっていたため、その日、屋根瓦が飛ばされるほど大きな台風が来たことすら気づかなかったという。

こうして出来上がった作品の歌い手に、吉田はフランク永井を推薦した。

あなたと私の合言葉《あいことば》

「有楽町で逢いましょう」

この歌は発売直後から大きな反響を呼び、昭和32年のシングルヒット曲でトップの売上を記録。フランク永井という歌手の存在は、その甘くソフトな低音の魅力とともに全国へ知れ渡った。永井は歌謡界への転向が間違いではなかったと確信し、その後も次々にヒット曲を放っていく。

また、『有楽町で逢いましょう』のヒットと前後して、繁華街のお洒落なバーでも吉田作品を中心に「ムード歌謡」と呼ばれる歌謡曲も流れるようになり、吉田自身も胸を張って「作曲家」と名乗ることができるようになった。

さらに、有楽町はそれまでの暗いイメージを一気に払拭。都内有数の繁華街として人々が足を運ぶ「憧れの街」となったのである。

夕焼とんび（昭和33年）

作詞：矢野亮　作曲：吉田矢健治　歌：三橋美智也

夕焼空が　マッカッカ
とんびがくるりと　輪を描《か》いた
ホーイのホイ
そこから東京が　見えるかい
見えたらここまで　降りて来な
火傷《やけど》をせぬうち　早くこヨ
ホーイホイ

昭和30年代の歌謡界は混沌としていた。その背景には、専属作家制による既存のレコード会社の音楽性の停滞と、それに対する若者たちを中心とした層の不満（自分たちが聴きたい音楽がない、など）があったように思う。

一方で、ジャズ・ブームやハワイアン・ブームの翳りに加え、昭和28年の朝鮮戦争の休戦により在日米軍の本国への撤退が始まったことから、旺盛だった米軍キャンプでの演奏需要が激減。仕事にあぶれたバンドマンたちは、大衆歌謡の世界に活躍の場を求めていった。

この外部勢力の流入が、ロカビリー・ブーム、カバーポップス・ブームを起こし、フリーの作詞家・作曲家が活躍するなど、老舗レコード会社が牛耳ってきた歌謡界に激震が走ることになる。

ただし、レコード会社側もただ手をこまねいていたわけではない。その一つが、地方から都会へ出てきた労働者に寄り添う「望郷歌謡」の開拓であり、また、根強い人気のあった浪曲・民謡界からの人材獲得にも力が注がれた。

浪曲師からは村田英雄、三波春夫が歌謡界入りして成功を収めた。そして、民謡歌手から歌謡界に転じたのが三橋美智也だった。

北海道函館に近い小さな町で生まれた三橋は、民謡歌手だった母親から厳しい指導を受け、9歳の時に全北海道民謡コンクールで優勝。「天才少年現る！」と騒がれるほどの逸材だった。

その後、経済的な事情から進学を断念して民謡歌手に弟子入り。戦争を挟んでおよそ5年間の巡業生活を送ったが、東京に出て自分の力を試してみたい思いが抑えきれず、二十歳の時に上京。

縁あって横浜の綱島温泉でボイラー技士をしながら民謡教室を開き、やっと生活が落ち着いてきた頃に、大きな転機が訪れた。

生徒の一人がNHKののど自慢大会に出て1位を獲得。その褒美としてキングレコードで民謡の録音をすることになり、三橋は三味線の伴奏者として同行したのだ。しかし、生徒は緊張のせいでうまく歌えない。見かねた三橋が手本を示すと、ディレクターはその歌声に驚いた。「もう一度、歌ってくれないか」

そのスタジオでのやり取りがきっかけで、三橋は翌昭和29年にレコード・デビューを果たすことになる。この時、23歳。

おぼえているかい　故郷《こきょう》の村《むら》を
便《たよ》りも途絶《とだ》えて　幾年過《いくとせす》ぎた

『リンゴ村から』より

昭和31年の『リンゴ村から』は、ふるさとを思う「望郷歌謡」の名曲。その後『哀愁列車』が大ヒットし、三橋はスター歌手の仲間入りを果たした。

彼の人気を支えたのは、やはり地方出身の労働者たちだった。民謡で鍛えたこぶしをさり気なく利かせた三橋の歌声は、懐かしい故郷の風景を思い出させるのに最適だった。三橋自身も故郷の北海道を出て、石にかじりついてでも成功するんだという気概に満ちていた。まさに、「望郷歌謡」の申し子と言っていい存在だったのである。

ところが、急激に売れた反動か、昭和32年に入ると三橋のレコードの売れ行きが頭打ちになってきた。今では考えられないが、当時は毎月1枚のペースで新曲を発売していた。10枚以上の停滞が続くとさすがに周囲も焦り始める。

そんな時、ディレクター出身で作詞家に転じた矢野亮が一風変わった詞を書いてきた。

夕焼空が　マッカッカ
とんびがくるりと　輪を描《か》いた
ホーイのホイ

まるで童謡のような歌詞に合いの手まで入っている。だが、後半になると、黙って東京へ出ていった兄の身を案ずる少年の無垢な思いが心を打つ。

三橋は、少年ととんびの会話という寓話的な世界を叙情的に歌い上げ、新たな境地を開いた。『夕焼とんび』は公称２００万枚以上を売り上げる大ヒットとなり、ファンと関係者をホッとさせたのである。

当時は、浅草国際劇場で歌謡ショーを開けるかどうかが人気歌手のバロメーターだった。三橋のショーが開催される日は、入場を待つ観客が4重にもなって国際劇場の周りを取り囲んだという。

有楽町の日劇で狂乱のウエスタン・カーニバルが開催されていた頃、浅草でも熱いファンの歓声がスターを包んでいた。

それが昭和33年の東京の風景だった。

ダイアナ（昭和33年）

作詞・作曲：ポール・アンカ　日本語詞：渡舟人　歌：山下敬二郎

君は僕より年上と
まわりの人は言うけれど
なんてったって構わない
僕は君に首ったけ
死んでも君をはなさない
地獄の底までついていく
Oh, plese stay by me, Diana

Ⓒユニバーサル ミュージック

昭和33年、日本の音楽シーンをガラリと変えた狂乱のイベントが「第1回 日劇ウエスタン・カーニバル」だった。

当時、都内のジャズ喫茶で人気を集めていたロカビリーのスターたちを、一堂に集めたら何が起きるか——企画したのは、渡辺プロダクションの副社長渡辺美佐。彼女は人気ジャズ・コンボ「シックス・ジョーズ」のマネージャーであると同時に、リーダー渡辺晋の妻でもあった。

美佐は、若者たちがロカビリーに賭ける熱量の凄さと将来性を、何とか世の中に知らしめたかった。だが、大方の反応は「そんなイベントで日劇が満席になるわけがない」とつれないものだった。

しかし、美佐は粘り強く交渉し、興行的に客足の落ちる2月ならという条件で有楽町の日劇を7日間（1日2《ツー》ステージ）借りることに成功する。

出演者は、平尾昌章（のちに昌晃と改名）と「オールスターズ・ワゴン」、ミッキー・カーチスと「クレイジー・ウエスト」、山下敬二郎と「ウエスタン・キャラバン」ら総勢60人に上った。特に、平尾昌章とミッキー・カーチス、山下敬二郎は「ロカビリー三人男」と名付けられ、人気を張り合うライバルとして盛り上げにひと役買った。

準備に奔走し、開幕前夜のリハーサルを行っていると、美佐は警察から呼び出しを受けた。待ちきれないファンたちが劇場の外に何重もの行列を作っていたのだ。ファンの数は朝を迎えるとさらに増え、危険を感じた美佐は、予定より2時間早く開場せざるを得なかった。

それから始まったのは、歌い手のファンごとに分かれての応援合戦。さらに、主役の3人がステージに上がると、歌声や演奏がかき消されるほどの大歓声が響き、それはまさに〝狂乱の〟という形容詞がふさわしい状況だった。

山下敬二郎は、ステージに上がってきたファンたちに客席側へ引きずり込まれ、ステージに帰ってきた時はボロボロの状態で放心していたという。

こうして、7日間で延べ4万5000人の観客を動員したウエスタン・カーニバルは、興行的に大成功を収めたのである。

新宿のジャズ喫茶の王様だった山下敬二郎は、ウエスタン・カーニバルをきっかけにロカビリーのキングとして、一夜でスターダムにのし上がった。その勢いのまま、同じ年の4月に、山下は生涯の代表曲となるシングルレコード『ダイアナ』を発売した。

君は僕より年上と
まわりの人は言うけれど
なんてったって構わない
僕は君に首ったけ

この曲は、アメリカのポップスター、ポール・アンカが16歳の時に自作して、全世界で1000万枚以上売れたという大ヒット曲。日本ではいち早く山下がカバー盤を発売し、こちらもヒットを飾った。

ところが、山下よりも先に『ダイアナ』のカバー盤発売に動いていた歌手がいた。ロカビリー三人男の一人、平尾昌章。レコーディングを済ませて発売日を待っていると、その1カ月前に山下が割り込んできたのである。

年が上でも
かまいぁしない
なんと言われようと
小鳥のように

『ダイアナ』〈平尾版〉より

しかも、平尾版の歌詞（訳詞：音羽たかし）が原曲のイメージに近くゆったりしていたのに対し、山下が歌った歌詞（訳詞：渡舟人《わたるふなんど》）は、リズムを的確に捉えている上に、ファンの女心をくすぐる仕上がりとなっていた。

本文に書き出したそれぞれの歌詞は、冒頭の同じ4フレーズの部分だが、ここを読み比べただけでも山下版のテンポの良さが理解できる。

結局、平尾は発売1カ月遅れの劣勢を挽回できず、「ダイアナ＝山下敬二郎」のイメージは完全に確立していった。

世間を驚かせたロカビリー・ブームは、その後わずか数年で潮が引くように終わった。しかし、渡辺美佐をはじめ、その場に立ち会った関係者たちの多くはその後の歌謡界を牽引する存在となってゆく。

その意味でも、ウエスタン・カーニバルは歴史に残るイベントだった。

黒い花びら（昭和34年）

作詞：永六輔　作曲：中村八大　歌：水原弘

黒い花びら　静かに散った
あの人は帰らぬ　遠い夢
俺は知ってる　恋の悲しさ
恋の苦《くる》しさ
だから　だから　もう恋なんか
したくない　したくないのさ

水原弘が歌った『黒い花びら』は、第1回日本レコード大賞受賞曲である。

主催する日本作曲家協会の資料によれば、初代会長の作曲家古賀政男らがアメリカに渡りグラミー賞を視察。それを手本に、日本でも優れたレコード発売曲を顕彰する賞を作ろうと意見がまとまり、昭和34年にレコード大賞が創設された。

ただ、創設時のレコード大賞には、のちに確立したような権威はまだなく、発表音楽会が開催された文京公会堂はガラガラの状況。協会の幹部らが自ら外に出て「客引き」までしていたという。

そんな記念すべき第1回の栄誉に輝いた『黒い花びら』は、実はたったひと晩のうちに書かれた歌だった。

昭和34年当時、都会の若者たちは「ロカビリー・ブーム」に沸いていた。火付け役となった「日劇ウエスタン・カーニバル」が初めて開催されたのは、その前の年。その後も開催されるたびに熱狂的な若者たちが日劇に詰めかけた。

そんなブームに冷めた視線を送りながら、放送作家永六輔が日劇の前を歩いていると、ジャズ・ピアニストの中村八大が声をかけてきた。

「君、作詞やってくれる?」

二人は同じ早稲田大学出身で顔見知りだった。永は26歳。先輩の中村は28歳。永は「自信がない」と答えたが、「できるよ、大丈夫」と中村に言われて渋々承諾。実はこの時、中村は切羽詰まっている状況だった。

中村八大は、ジャズ・コンボ「ビッグ・フォア(ドラム:ジョージ川口、テナーサックス:松本英彦、ベース:小野満、ピアノ:中村)」のオリジナルメンバーで、人気実力とも最高峰にあるジャズ・ピアニストだった。だが、戦後の日本を席巻したジャズ・ブームは、今や風前の灯。中村は一人、作曲家への転向を考えていた。

そんな折、映画の挿入歌の仕事があると聞いて飛びついたものの、プロデューサーに「オーディションをするから明日までに10曲仕上げてこい」と宣告され、急遽詞が書ける人物を探していたところだった。

中村と永は、その足で中村のアパートに向かい、すぐ10曲の歌づくりに取りかかった。一緒に考えていたのでは間に合わない。それぞれ詞とメロディを別々に書き、あとで突き合わせて、うまくいきそうな組み合わせを探すという段取りにした。その中にメロディと詞がうまくハマる歌があった。

永が付けたタイトルは『黒い花びら』。こだわったのは、サビの部分だ。

だから　だから　もう恋なんか
したくない　したくないのさ

これまでの歌謡曲なら、美文調で盛り上げるところだが、永は平易な話し言葉で表現した。そのため、逆にストレートな心情が伝わってくる。

一方の中村は、そのメロディとアレンジに、中学生時代に初めて女性にフラれて以来、ことごとく失恋を重ねてきた自らの体験を込めたという。

この『黒い花びら』を含む10曲は、締切だった翌日までに仕上がり、プロデューサーからもOKが出た。ここに、作詞家永六輔が誕生し、中村も作曲家として生きていく自信をつかんだのである。

また、徹夜で書き上げた10曲の中にはもう一つ、広く知られた作品がある。

雨に濡れてた　たそがれの街
あなたと逢った　初めての夜

『黄昏のビギン』より

同じく昭和34年に水原弘が発表した『黄昏のビギン』。後年、CMで流れたちあきなおみのカバー版（バラード調）が話題を呼んだが、そもそも「ビギン」はラテン音楽で、「ズチャーチャ　ズチャズチャ」というリズムに特徴がある。水原弘がビギンのリズムで歌う、オリジナルの『黄昏のビギン』もぜひ聴いてみてほしい。

ところで、永があの日徹夜で書き上げた詞と、レコード化された『黄昏のビギン』の詞は全くの別物だという。映画の挿入歌に使われたあと、中村が全面的に詞を書き直したからだ。ただし、中村がなぜか作詞のクレジットを変えなかったため、永は「いい歌だね」と褒められるたびに肩身の狭い思いをしたそうだ。

昭和34年は、皇太子殿下（現上皇陛下）と正田美智子さんとのご成婚に日本中が沸き、テレビが急速に普及。「テレビ時代の幕開け」でもあった。

この年に、のちにテレビを通じてヒット曲を連発する「六・八コンビ」が大賞を獲ったことは象徴的である。また、専属制に守られた既存のレコード会社ではなく、新興の東芝レコードから、フリーの作詞家、作曲家の作品が選ばれたことも、その後の歌謡界の流れを見ると非常に興味深いと言えるだろう。

誰よりも君を愛す（昭和34年）

作詞：川内康範　作曲：吉田正　歌：松尾和子&和田弘とマヒナスターズ

誰にも云われず　たがいに誓った
かりそめの恋なら　忘れもしようが
ああ　夢ではない　ただひとすじ
誰よりも　誰よりも君を愛す

写真提供 ビクターエンタテインメント

『有楽町で逢いましょう』でムード歌謡を確立した作曲家吉田正は、その後も、ムード歌謡の延長線上に何があるのか模索を続けていた。

そんな時、「いいバンドがいる」と人に勧められ、訪れたナイトクラブで吉田は「和田弘とマヒナスターズ」に出会った。本格的なハワイアン・バンドであると同時に、ファルセット（裏声）を使ったコーラスにも特徴があった。

話は少し遡るが、敗戦から日本が立ち上がろうとしていた時代、音楽面で重要な役割を果たしたのが米軍キャンプの存在だった。

ジャズやハワイアンなど洋楽系のミュージシャンは米軍キャンプに毎晩呼ばれ、腕を磨きながら金を稼ぎ、本場の最新事情や譜面なども仕入れていた。

そうした環境で腕を上げたミュージシャンたちを中心に、昭和20年代半ばにはジャズ・ブーム、ハワイアン・ブームが起き、朝鮮戦争による特需で好景気に沸く日本で洋楽が盛んに流れるようになったのである。

そのハワイアン・ブームの中心にいたのが「バッキー白片とアロハ・ハワイアンズ」で、そこから独立したグループが和田弘とマヒナスターズ（通称：マヒナ）だった。

吉田は、初めて見たマヒナのステージで不思議な体験をした。ハワイアンの曲を演奏している間は大人しく聴いていた客たちが、当時ヒットしていたムード歌謡を演奏し始めた途端、フロアに出て一斉にチークを踊り始めたのだ。

マヒナとムード歌謡の組み合わせには、日本人に受ける何かがある……、そのことに気づいた吉田は、テストとして、マヒナに既存のムード歌謡のカバー盤を出させた。反響も悪くない。それに手応えを感じた吉田は、マヒナにオリジナル曲を提供し、ムード歌謡のコーラス版となる「ムードコーラス」の下地を作っていった。

一方、ムード歌謡の旗頭として活躍していたフランク永井は、多忙な毎日を送る中で、一人きりになれる時間を求めてよくナイトクラブを訪れていた。その日、赤坂の「クラブ・リキ」に入ると、松尾和子という歌手が歌っていた。

吐息なのか歌声なのか……、独特の情感を醸し出す松尾の歌声に、永井はすっかり魅了された。永井の紹介で松尾を知った吉田も、その歌声に惚れ込み、永井とのデュエット曲『東京ナイト・クラブ』を贈ったのである。

（男）なぜ泣くの　睫毛《まつげ》がぬれてる
（女）好きになったの　もっと抱いて

『東京ナイト・クラブ』より

デュエット曲を選んだのには、松尾の独り立ちにもう少し時間をかけたいという事情もあったが、ムード歌謡の世界に男女の掛け合いが見事にハマり、デビュー曲が大きな反響を呼んだ。

そして、同じ年の暮れに、今度はマヒナとのデュエットで『誰よりも君を愛す』が発売される。

作詞は川内康範。テレビ創成期の人気ドラマ「月光仮面」の原作者で、数多くの映画・ドラマの脚本を手がけてきた。また、歌謡曲の作詞でも『骨まで愛して』『君こそわが命』『おふくろさん』などヒット曲を数多く生んだ才人だ。

その真骨頂は、ストレートに人間の本質を突くところにある。

愛した時から　苦しみがはじまる
愛された時から　別離《わかれ》が待っている
ああ それでもなお 命かけて
誰よりも　誰よりも君を愛す

愛の本質を突いたこの2番の歌詞は、川内にしか書けない世界だ。詞を渡された吉田も、思わず体中に戦慄が走ったという。その迫力に負けないメロディを書かなければと気合が入ったに違いない。

『誰よりも君を愛す』は、マヒナの魅惑のコーラスと、松尾のハスキーな歌声、それぞれの魅力が引き出され、予想を超えるヒットとなり、『黒い花びら』に続く第2回日本レコード大賞（昭和35年）を受賞した。

興味深いのは、初期のステージでは、1番をマヒナ、2番を松尾、3番をマヒナと交互に歌うスタイルが取られていたこと。しかし、松尾の人気・実力が上がってくると、いつからか3番の部分をマヒナと松尾のデュエットで歌う形に変化していった。

こうして吉田が道を切り開いたムード歌謡は、ムードコーラスという新たな花を咲かせたのである。

アカシアの雨がやむとき（昭和35年）

作詞：水木かおる　作曲：藤原秀行　歌：西田佐知子

アカシアの雨にうたれて
このまま死んでしまいたい
夜が明ける日がのぼる
朝の光りのその中で
冷《つめ》たくなった私を見つけて
あの人は
涙を流してくれるでしょうか

© ユニバーサル ミュージック

「歌は時代を映す鏡である」とは使い古された表現だが、歌詞そのものが世相を表している場合と、作り手が意図しないところでその時代の人々に強いインパクトを残し、結果として時代を象徴した存在となる場合がある。後者の代表がこの『アカシアの雨がやむとき』だろう。

大阪出身でジャズ歌手のオーディションに合格した西田佐智子は、昭和31年にマーキュリー・レコードからデビュー。美貌に恵まれ、哀愁を帯びた歌声に特徴があったがヒット曲には恵まれず、昭和34年にポリドールに移籍。ジャズから歌謡曲に転向する決意を固め、翌年には西田佐知子と改名した。

その西田に詞を提供したのが、作詞家水木かおるである。よく女性と間違えられるが、本名は奥村聖二という男性作詞家だ。通信社に勤めながら同人誌に詞を投稿していた水木は、昭和33年から作詞家としてポリドールと専属契約を結び、作詞一本で活動を始めたところだった。

水木の詞には「花」をモチーフにしたものが多い。のちに『くちなしの花』（昭和48

年、歌：渡哲也）や『二輪草』（平成10年、歌：川中美幸）などの大ヒットにもつながっている。その第一歩というべき作品が『アカシアの雨がやむとき』だった。

アカシアの雨にうたれて
このまま死んでしまいたい

ここに登場するアカシアとは、実は明治初期にヨーロッパから持ち込まれた「ニセアカシア」のこと。当初、日本ではニセアカシアのことを「アカシア」と呼んでいたが、のちに本物のアカシアの存在が知られると、区別するために「ニセ」を付けた。ただし、今でも混同されることが多いという。

ニセアカシアは落葉広葉樹で、花は蝶の形をしており、房状にたくさんの白い花をつける。その花の散るさまが「アカシアの雨」に喩えられたのだ。

もう一つ、この詞の特徴は、2行目の「死んでしまいたい」にある。従来の歌謡曲で、ここまで「死」をストレートに表した詞はなかったのではないか。その前年にヒットした『黒い花びら』の、美辞麗句で飾らない表現法が影響しているようにも思える。

当時21歳だった西田佐知子は、この斬新な詞に戸惑ってしまい、イメージがなかなかつかめず、レコーディングがうまく進まなかった。

すると、水木から「この詞は、『巴里に死す』(芹沢光治良著)と『雨の朝パリに死す』(エリザベス・テイラー主演の映画)をモチーフに書いた」というアドバイスが。すぐさま西田の脳裏には、パリの公園と、ベンチで泣きながら座っている女性の姿が思い浮かんだという。

熱唱とは対極にある、どこか投げやりな西田の歌唱法は、フランス映画のアンニュイな空気をイメージしたものかもしれない。

『アカシアの雨がやむとき』が発売された昭和35年、日本の政治状況は大きく揺れていた。日米安保条約の改定問題、いわゆる「六〇年安保」闘争である。

5月に衆議院で安保改定の強行採決が行われると、反対運動は一層激化し、国会の敷地になだれ込んだ学生運動家たちと警官隊が激しく衝突。その渦中にいた東大生の樺《かんば》美智子さんが死亡するという悲劇が起きてしまう。

残された同志たちは、樺さんの死を悼み、彼女の魂を鎮めるために、いつしか『アカシアの雨がやむとき』を歌うようになった。時代への絶望感、怒り、挫折感といったものの全てが、この歌に込められていると多くの若者たちは感じたのだろう。集会の場などでくり返し歌われるうちに、時代を象徴する歌へと昇華していった。

死を覚悟するほど辛い失恋をした女性の心が、安保闘争で同志を失った若者たちの絶望と、見事にシンクロしたのである。

西田は、『アカシアの雨がやむとき』と並行して、ジャズ歌手出身ならではのリズム感の良さを買われて『コーヒールンバ』を発売し、こちらも大ヒット。西田はこの2曲で人気歌手の仲間入りを果たしたが、昭和46年に俳優関口宏と結婚。それ以降は芸能活動をセーブしていった。ただし……。

いつもの肴で　いつもの酒
やっぱり俺は　一人じゃない

『初めての街で』より

昭和50年から流れた菊正宗酒造のCMソング『初めての街で』は西田の歌。サビの部分を酒の銘柄に置き換えたCMは、長くお茶の間に流れていた。そんなことから、西田のややハスキーで憂いを帯びた歌声は、今も多くの人の耳に残っているはずだ。

銀座の恋の物語（昭和36年）

作詞：大高ひさを　作曲：鏑木創　歌：石原裕次郎&牧村旬子

心の底《そこ》まで　しびれるような
吐息《といき》が切《せつ》ない　ささやきだから
泪《なみだ》が思わず　わいてきて
泣きたくなるのさ　この俺《おれ》も
東京で一《ひと》つ　銀座で一《ひと》つ
若い二人《ふたり》が　初めて逢った
真実《ほんと》の恋の　物語り

昭和35年は、六〇年安保闘争や、社会党の浅沼稲次郎委員長の刺殺事件など政治面で大きく揺れた一年だった。一方、芸能界ではビッグカップルの誕生が大きなニュースとなった。映画スター石原裕次郎と北原三枝の結婚である。

二人の出会いは、昭和31年公開の日活映画「狂った果実」での共演。初主演だった石原を北原がうまくリードし、緊張必至のラブシーンも乗り切ったという。北原の細やかな心遣いが二人の距離を急速に縮めたことは想像に難くない。

このスター同士の交際は公然の秘密だったが、石原が北原をアメリカへ婚前旅行に連れ出すに至って猛反対していた日活側が折れ、昭和35年4月に婚約を発表。同年12月2日に挙式が行われた。しかし、結婚の前後に休暇をくれるほど映画会社は甘くない。挙式前日の夜までスケジュールはびっしり埋まっており、その中に新曲『銀座の恋の物語』のレコーディングが入っていた。

「都会的な歌」というコンセプトで作られたデュエット曲。戦後にヒットした『君忘れじのブルース』『カスバの女』の作詞家大高ひさをが詞を担当し、昭和36年の正月映画「街から街へつむじ風」の挿入歌に採用されることが決定。その映画の劇伴（映画やドラマに流れる音楽）を担当する鏑木創《かぶらぎはじめ》が作曲することになった。

そのデュエットで石原の相手に選ばれたのは、テイチクの新人歌手・牧村旬子《みつこ》（のちに純子、旬子《じゅんこ》と改名）だった。当時16歳。

幼い頃からジャズやシャンソンを歌いこなしていた牧村は、10代で米軍キャンプ回りを経験。昭和35年の夏に、洋楽とはイメージがほど遠いテイチクのオーディションを受けることになった。当人はあまり乗り気ではなかったが、母親に「受かったら犬を飼ってもいいよ」と言われて俄然モチベーションがアップ。オーディションに合格したという逸話の持ち主だ。

ある日、牧村がディレクターに呼ばれてスタジオに行くと、そこには石原裕次郎の姿が。その場で手書きの譜面を渡され、あれよあれよという間に『銀座の恋の物語（銀恋）』のレコーディングが始まった。

牧村は、最初のテイクをいつも通りの洋楽調で歌ってみたが、男声と女声のバランスが悪いと感じた。そのため、2テイク目で少し柔らかく引いた歌い方に変えたところ、すんなりOKが出たという。デュエットソングのバイブル的な存在の『銀恋』を16歳の少女が歌っていたことも驚きだが、譜面は初見で、歌い方を自分の判断で変え、天下の石原裕次郎とのレコーディングを2テイクで終わらせたというのだから、牧村も只者ではない。

その当時、石原はレコーディングが始まる前に決まってビールを口にしていた。きっかけは初めてのレコーディングでのこと。映画のロケ先から連れてこられたスタジオで、石原は初めて聴いた曲をその場で録音することになった。実はあがり症の石原は、案の定うまく歌えなかった。

「すみませんが、ビールをいただけませんか」

キョトンとするスタッフを尻目に、ビールを3本ほど空けてから再度マイクの前に立つと、今度は一発OK。以来、石原のレコーディングにビールは欠かせないアイテムとなったそうだ。

石原と牧村がレコーディングを済ませた1カ月後、映画「街から街へつむじ風」が公開。ラストシーンで『銀恋』が流れると、見終わった観客たちの多くは『銀恋』を求めてレコード店に走ったという。それだけインパクトのある挿入歌だった。

その後、『銀恋』はヒットチャートを上昇し、公称で売上300万枚を超える大ヒットを記録。翌昭和37年には同名の映画「銀座の恋の物語」が作られ、今度は主題歌の扱いを受けた。

こうして石原裕次郎の代表曲の一つとなった『銀恋』だが、音楽界のその後にも多大な影響を与えている。

実は、テイチクはレコードが売れやすくなるようにと、ある仕掛けをした。石原と牧村の歌が入った通常のレコードの他に、伴奏だけのレコード、つまりカラオケ盤を付けて販売したのだ。

「あなたも裕次郎と同じ伴奏で歌えます」

のちのカラオケブームを予見したような画期的な試みだった。

また、シャイだった日本人が『銀恋』をきっかけに男女でデュエットを歌うことに目覚め、デュエットブームが起きたとする説もある。

発売から60年以上が経過した今も、全国の盛り場の何処かで『銀恋』は歌い継がれている。歌謡曲が「聴くもの」から「歌うもの」に変質する流れをあと押しして、歴史に残る名曲となった。

上を向いて歩こう（昭和36年）

作詞：永六輔　作曲：中村八大　歌：坂本九

上《うえ》を向《む》いて　歩《ある》こう
涙《なみだ》がこぼれないように
思い出す春の日
一人《ひとり》ぼっちの夜《よる》

上を向いて歩こう
にじんだ星をかぞえて
思い出す夏の日
一人ぼっちの夜

幸《しあわ》せは雲《くも》の上に
幸《しあわ》せは空の上に
上を向いて歩こう
涙《なみだ》がこぼれないように
泣《な》きながら歩《ある》く
一人ぼっちの夜《よる》

アメリカで最も歴史と権威のあるヒットチャート「ビルボード」で、日本で製作された歌として初めて第1位に輝いた曲が、坂本九の『上を向いて歩こう』だ。その快挙は1963年（昭和38年）6月に達成された。

この快挙がことさらに価値のあるものとして認められている理由、それはアレンジや翻訳がなされたわけでなく、日本で製作された原盤通り……、つまり、日本語で歌われた歌がそのままビルボードで1位を獲ってしまったことにある。

なぜ、そんな奇跡が起きたのか、時系列に沿って見てみよう。

昭和35年、「六・八コンビ」で知られる永六輔が、一編の詞を書いたところから物語は始まる。

その年の6月に日米安全保障条約の改定が成立。デモに参加して抵抗した若者たちの挫折感は大層深いものだった。その挫折の苦さや、警官隊との衝突で命を落とした東大生樺《かんば》美智子さんへの鎮魂、それでも生き続けるのだという覚悟を込めて、永は「上を向いて歩こう」という詞を書いた。

翌昭和36年7月に「中村八大リサイタル」が開催されると知り、永はお祝いを兼ねて前年に書いた「上を向いて歩こう」を中村に贈ることにした。ステージで歌うのは、中村が推薦したロカビリー出身の若手歌手だった。まだあどけない顔をした青年は、初対面の永に「坂本九です」と挨拶した。

坂本は当時18歳。プレスリーに憧れて歌手を目指し、15歳の時にザ・ドリフターズ（当時のリーダーは岸部清）のバンドボーイになり、翌年の日劇ウエスタン・カーニバルでロカビリー歌手としてデビュー。その後、ダニー飯田とパラダイス・キングに移籍し、『ステキなタイミング』をヒットさせていた。

この時、永の初対面の印象はよくなかった。舞台袖から見ていると、坂本は「ウヘッフォムフフィテ　アハルコフホフホフホフ……」と歌うではないか。

「ふざけているのか！」と激怒する永。逆に中村は「これが面白いんだ」と永をなだめる。ただ二人とも、この歌がヒットするとは考えていなかった。

その頃、永が構成を、中村が音楽を担当する番組にＮＨＫ「夢であいましょう」があった。黒柳徹子、渥美清らが出演する、テレビ史に残るバラエティ番組だ。その中に「六・八コンビ」の新作を紹介する「今月の歌」というコーナーがあり、坂本が歌う『上を向いて歩こう』が取り上げられた。

すると、視聴者から問い合わせが殺到し、発売されたレコードも大ヒット。大衆は今までに聴いたことのない歌い回しや、酒屋の御用聞きにでも居そうな坂本の庶民的な風貌を、テレビ時代の新たなスター像として受け入れたのだった。

翌昭和37年には、イギリスから来日したレコード会社の社長が『上を向いて歩こう』に目を付け、ジャズ・バンド用にアレンジして録音。社長は浅草で食べたすき焼きの美味しさを懐かしみ、『SUKIYAKI』のタイトルで発売した。このシングルは、全英チャートの上位にランクインしたという。

さらに翌昭和38年、今度はアメリカの小さなラジオ局で、坂本の歌声が電波に乗った。町で暮らす高校生が日本からのお土産として手に入れた『上を向いて歩こう』のレコードを気に入り、ラジオ局に届けたのだ。

日本語のわからないDJは、英国でヒットしたジャズ版と同じ曲だと解釈し、坂本の歌を『SUKIYAKI』と紹介した。すると現地のリスナーたちの心をつかみ、リクエストが殺到。その反響の大きさを知ったアメリカのレコード会社が、坂本のオリジナルの歌のまま『SUKIYAKI』のタイトルで全米発売に踏み切ったのである。そして、ビルボードで1位を獲得……あの快挙までにはこんなプロセスがあったのだ。

ただし、この時代の日本では「ヒットチャート」そのものに馴染みがなく、アメリカから「ビルボード1位」の報せを受けても、関係者一同その重みには全く気づいていなかったようだ。

日米安保改定の挫折をきっかけに生まれた歌が、回り回って日米の文化交流につながったのだから不思議な因縁だと言えよう。

スーダラ節（昭和36年）

作詞：青島幸男　作曲：萩原哲晶　歌：ハナ肇とクレージー・キャッツ

チョイト一杯のつもりで飲んで
いつの間にやら　ハシゴ酒
気がつきゃ　ホームのベンチでゴロ寝
これじゃ　身体にいいわきゃないよ
分《わか》っちゃいるけどやめられねえ
ア　ホレ　スイスイ　スーダララッタ
スラスラスイスイスイ
スイスイ　スーダララッタ
スラスラスイスイスイ
スイスイ　スーダララッタ

渡辺音楽出版株式会社

スラスラスイスイスイ
スイスイ　スーダララッタ
スーダラララッタスイスイ

昭和30年代の歌謡界の流れを大きく変えた要因の一つに、戦後のジャズ・ブームの終焉があることは、くり返し述べてきた。その中で、ジャズメンの働き場所を確保し、演奏家や歌手の立場を強くしようと動き出した人物がいる。

ジャズ・コンボ「シックス・ジョーズ」のリーダー、渡辺晋だ。

昭和30年、渡辺はシックス・ジョーズのマネージャーを務めていた曲直瀬《まなせ》美佐（のちに結婚して渡辺姓に）らとともに「渡辺プロダクション」を設立。

渡辺プロは、所属するミュージシャンを月給制にして生活の安定と地位の向上を図った。そのためには、従来のようなどんぶり勘定ではいけない。会社組織を近代化すると同時に、音楽制作に積極的に関わることで正当な権利を勝ち取ろうとした。その一つがレコードの「原盤権」だ。

それまで、歌い手はレコード会社と専属契約を結んでおり、その報酬は多くて1・5%程度の「歌唱印税」として支払われていた。歌手の側やマネージャーが新曲のために企画を練り上げ、知恵を絞っても、大半の収益はレコード会社が取っていってしまう。

渡辺は、レコードのプレスの前段階である「マスターテープ（原盤）」の制作までに費やした企業努力を、原盤権という権利で報いるようレコード会社に訴えた。この考えは、外国の音楽業界ではごく当たり前のもの。既存の勢力からは大きな抵抗を受けたが、こうした渡辺の取り組みは、旧態然とした日本の音楽業界が近代的なビジネスに生まれ変わるための第一歩となった。

その渡辺プロが原盤権を初めて獲得した歌が、ハナ肇とクレージー・キャッツの『スーダラ節』である。

渡辺とハナはバンドボーイ時代からの顔見知り。渡辺プロを設立する以前、ハナは渡辺に「日本一のコメディアンになりたい」と語ったことがある。その言葉が頭に残っていた渡辺は、ハナに新しいバンドを組んで渡辺プロと契約するよう誘った。ハナは、一流の演奏ができて、客を笑わせられるミュージシャンを集め、昭和30年に「ハナ肇とキューバン・キャッツ」を結成した。

ハナはその後、かつて同じバンドで活動していた植木等をギター&ボーカルとして誘った。二枚目でありながら飄々とした空気を醸し出す植木は、ハナのイメージにピッタリだったが、植木側の事情から移籍はなかなか実現しない。

ようやく植木が合流できたのは、「クレージー・キャッツ」とバンド名を変えたあとの昭和32年のことだった。

こうして、ハナ肇（ドラムス）、植木等（ボーカル、ギター）、谷啓（トロンボーン）、犬塚弘（ベース）、安田伸（テナーサックス）、石橋エータロー（ピアノ）という、お馴染みのメンバーが揃った（のちに桜井センリが加入）。

その頃、渡辺プロはテレビ番組の制作にも進出。クレージーは開局したばかりのフジテレビで、時事問題をコントで扱う「おとなの漫画」に出演。同じく渡辺プロ制作の「ザ・ヒットパレード」や「シャボン玉ホリデー」でもレギュラーを勝ち取り、その人気は一気に全国区になった。

ただ、ジャズ畑出身のクレージーには、オリジナルのヒット曲がなかった。そこで、渡辺は、植木の飄々としたキャラクターを生かして歌を作るよう、座付作家だった青島幸男に指示。ハナや植木ともバンド仲間だった萩原哲晶に作曲を依頼し、『スーダラ節』が誕生したのである。

「スイスイ　スーダララッタ　スラスラスイスイスイ」というフレーズは、植木の口ぐせから生まれた。以前、植木の自宅が停電になった時、アッという間に修理を終えた電気屋の青年に「こんなの〝スラスラスイスイ〟ですよ」と言われ、植木が「それ、いただき！」と言って使っていたのだとか。

そんな表向きの顔とは裏腹に、実家がお寺で根は真面目な植木は、内心「こんな無責任な歌を歌っていいのか」とも悩んでいた。
するると、僧侶である植木の父親は……、

分《わか》っちゃいるけどやめられねぇ

「あの歌詞はすごい。親鸞の教えにも通じる」と言って、青島が書いた詞を絶賛したというのだ。

この曲の大ヒットを受けて、東宝映画の「無責任男」シリーズがスタート。渡辺プロは映画製作にも乗り出した。「ナベプロ帝国」と呼ばれる絶頂への第一歩は、『スーダラ節』によって踏み出されたのである。

いつでも夢を（昭和37年）

作詞：佐伯孝夫　作曲：吉田正　歌：橋幸夫&吉永小百合

星よりひそかに　雨よりやさしく
あの娘《こ》はいつも歌ってる
声がきこえる　淋《さび》しい胸に
涙に濡れたこの胸に
言っているいる　お持《も》ちなさいな
いつでも夢を　いつでも夢を
星よりひそかに　雨よりやさしく
あの娘《こ》はいつも歌ってる

写真提供 ビクターエンタテインメント

都会的なセンスを歌謡曲に取り入れ、ムード歌謡を確立した作曲家吉田正。その吉田には、自分の作品が〝夜のサウンド〟に傾きすぎだという自覚があった。次のステップへ進むには何か違った線を出すべきだろうか、そう考え始めていた矢先、デビューが近い16歳の新人と対面する。のちの橋幸夫である。

橋は、作曲家遠藤実のもとでレッスンを積んでいたが、レコード会社間の事情から、ビクターのオーディションを受けて合格。別の会社と専属契約を結んでいた遠藤は、ビクター専属の吉田に橋の身柄を預けることにしたのだ。

吉田が橋に与えたデビュー曲は、それまでのムード歌謡路線とはほぼ正反対の股旅もの『潮来笠』だった。

潮来《いたこ》の伊太郎《いたろう》　ちょっと見なれば
薄情《はくじょう》そうな渡り鳥《わたどり》

『潮来笠』より

これは、吉田にとっても大きな冒険だった。橋の突き抜けるような若さと明るさ、少し巻き舌になる口調を生かして現代的な股旅ものを与えたところ、新人としては異例のヒットとなった。吉田自身も作風の変化に手応えを感じた。

また同じ頃、映画スター吉永小百合がレコード・デビューを控えて吉田のもとにレッスンに訪れていた。当初は「草を刈る娘」という牧歌的な映画の主題歌がデビュー曲に決まっていたが、吉田は、吉永のデビュー曲にしては何かもの足りないと感じ、もっと印象的な曲がないものかと考えていた。

そんな時、『有楽町で逢いましょう』以来、様々なヒット曲でコンビを組んできた作詞家佐伯孝夫から一編の詞が届いた。

北風《きたかぜ》吹《ふ》きぬく　寒《さむ》い朝《あさ》も
心ひとつで　暖《あたた》かくなる

『寒い朝』より

吉田の脳裏に甦ったシベリア抑留の記憶……。召集先の中国大陸で終戦を迎え、あの耐え難い試練を乗り越えて生きることの尊さを実感したことが、作曲家吉田正の原点である。そうした吉田の思いを知る佐伯は、寒く辛い時期を乗り越え、希望の春を待つという普遍的なテーマに取り組んだ。この『寒い朝』が吉永の記念すべきデビュー曲となる。若きスターたちの力を借りて、ムード歌謡とは異なる新たな世界を模索し始めた吉田正。さらに吉田と佐伯は、青春真っ只中にある橋と吉永にコンビを組ませることを思いついた。きっと、爽やかな新しい風を歌謡界に吹き込めるに違いない……。こうして昭和37年、『いつでも夢を』が誕生した。

言っているいる　お持《も》ちなさいな
いつでも夢を　いつでも夢を

当時、橋幸夫は19歳、吉永小百合は17歳。芸能界の未来を背負って立つ二人のスターのデュエットは、大きな反響を呼んだ。

その実現には、録音技術の進歩が大いに役立った。

超多忙な二人のスケジュールをすり合わせても、同時にレコーディングを行うことは不可能だった。そこで、先に吉永が録音し、その上にあとから橋が音をかぶせてミキシングすることで何とかデュエットを成立させたのだ。

2年後に開催が決まった東京オリンピックを控え、「夢」に向かって一斉に駆け出すような高揚感が日本を支配していた。二人の青春スターが高らかに未来を歌い上げた『いつでも夢を』は、昭和37年の日本レコード大賞を受賞した。


こうして、吉田は新たなジャンルとして「青春歌謡」と呼ばれる作品を世に出すことができた。その流れは、のちに学生服姿でデビューする舟木一夫や、西郷輝彦、三田明の登場につながり、歌謡界全体に波及する大きなムーブメントに成長する。

さらにこのあと、吉田は『恋をするなら』『恋のメキシカン・ロック』(歌:橋幸夫)で「リズム歌謡」を開拓。歌謡界のバリエーションを広げてゆく。

そんな吉田には、作曲をするにあたって心がけていることがあった。

「常に一筋の『夢と希望』を隠し味に」

日本がどれだけ豊かになり、ポップで楽しいメロディを書いていても、吉田の原点がシベリア抑留にあることは変わらない。吉田は、夢と希望を持ち続けることの大切さをいつまでも忘れなかったのである。

可愛いベイビー（昭和37年）

作詞：D.Stirling・B.Nauman　訳詞：漣健児　作曲：D.Stirling・B.Nauman
歌：中尾ミエ

可愛いベイビー　ハイハイ
可愛いベイビー　ハイハイ
可愛いベイビー　と呼ぶのは
愛しているからかしら　Pretty Little Baby
可愛いベイビー

小鳥達の歌う声
愛の歌に聞こえるの　Pretty Little Baby
素敵なベイビー

写真提供 ビクターエンタテインメント

恋をするって素敵じゃない
若いこの日を
二人で過ごしましょ
いついつまでも

今すぐ逢って　そして言って
忘れられぬあの言葉　Pretty Little Baby
私のベイビー　ハァー
Pretty Little Baby　ハイハイ
私のベイビー　ハイハイ

昭和30年代半ば、嵐のように過ぎ去った「ロカビリー・ブーム」を体験した若者たちは、もう従来の歌謡曲には戻れなかった。

ビートの効いたロックやポップスを「日本語」で楽しみたい……。そんなライトな音楽ファンのために、アメリカでヒットしたポップス曲に日本語の詞をつけた「カバー・ポップス」が誕生した。

その火付け役は、音楽雑誌「ミュージック・ライフ」を復刊（1951年9月）させた新興楽譜出版社（現シンコーミュージック・エンタテイメント）専務の草野昌一。彼はアメリカの音楽出版社と契約を結び、最新のアメリカン・ポップスを輸入。日本語の歌詞をつけてレコード化を企画した。

ところが、当時はまだ著作権処理が確立しておらず、既存のレコード会社はカバー・ポップスに手を出そうとしなかった。実際、専属契約で縛られている作詞家に訳詞は頼めない状況だった。そこで、草野は自ら訳詞を書くことにして「漣健児《さざなみけんじ》」というペンネームを使った。

その第一作が、ダニー飯田とパラダイス・キングが歌った『ステキなタイミング』である。

カバー・ポップスの訳詞で草野が心がけたのは、原曲の詞の意味を忠実に訳すよりも〝言葉のノリ〟を大切にすること。

この『ステキなタイミング』でも、「何事にもタイミングが大事」という原曲のコンセプトだけを踏襲し、あとはボーカルの坂本九のキャラクターに合わせ、学園生活の中で起きそうな出来事をテンポよくつないでいった。

こうしたノリのいいサウンドと詞によって、カバー・ポップスは若者たちに受け入れられてゆく。

その中で、昭和37年にデビューした期待の新人が中尾ミエだった。北九州市出身の中尾は父親の事業の失敗で上京したあと、歌手を目指して渡辺プロのオーディションを受け合格。米軍キャンプを回りながらデビューの機会を待っていた。

16歳という若さながら、実力があり肝の据わっていた中尾は、渡辺プロの秘蔵っ子的存在で、渡辺晋は「絶対彼女に合う曲を探してほしい」と草野に頼んでいたという。

そんな時、草野がアメリカン・ポップス界のアイドル、コニー・フランシスの曲を手に入れた。

Pretty Little Baby, (Yah, yah)
Pretty Little Baby, (Yah, yah)

『Pretty Little Baby』より

原曲を聴かせると渡辺晋は一発で気に入り、これが中尾のデビュー曲となった。

この歌は世界中でカバーされており、コニー自身も各国の言葉でレコーディングしている（コニーが歌った日本語版も先行発売された）。

実は、「可愛いベイビー　ハイハイ」の「ハイハイ」の部分、いわゆる合いの手は、コニーが「こう歌っていいか？」と草野に自己申告してきたものだという。日本人がよく「はい」と返事するところを見て、そうしようと考えたらしい。

中尾ミエの「ハイハイ」もチャームポイントとなり、デビュー曲にして公称100万枚を超えるミリオンヒットを記録。さらに、園まり、伊東ゆかりが彼女に続いてヒット曲を出し、ポップス歌謡の「スパーク三人娘」として活躍の場を広げていった。

こうして草野がカバー・ポップスの扉を開いたことで、レコード会社と契約を結んでいないフリーの訳詞家、岩谷時子や安井かずみらが活躍。その後、作詞の世界に進出した彼女たちは、既存の作詞家とは異なる感性や言葉選びで歌謡曲の世界に新たな息吹きをもたらした。

カバー・ポップスを起点としたこの流れは、グループ・サウンズ（GS）やその後のバンドブーム、J－POPにもつながっていくことになる。

ふりむかないで（昭和37年）

作詞：岩谷時子　作曲：宮川泰　歌：ザ・ピーナッツ

Yeah, Yeah, Yeah, Yeah
ふりむかないで　お願いだから
今ね　靴下なおしてるのよ
あなたの好きな　黒い靴下

ふりむかないで　お願いだから
今ね　スカートなおしているのよ
あなたの　好きなタータンチェック
これから仲良くデイトなの
ふたりで語るの　ロマンスを

©キングレコード

昭和30年代半ばから、洋楽のヒット曲に日本語の歌詞を乗せた「カバー・ポップス」が若者を中心に支持を広げていた。テレビ時代に入ると、フジテレビ系「ザ・ヒットパレード」や日本テレビ系「シャボン玉ホリデー」といった人気番組を中心に、若い歌手たちが競うようにカバー・ポップスを歌った。

その中心にいたのは、双方の番組でレギュラーを務めていた双子の姉妹「ザ・ピーナッツ」である。

伊藤エミ・ユミ姉妹は昭和16年、愛知県に生まれた。17歳の頃、名古屋市内のクラブで歌っていたところを、人気ジャズ・コンボ「シックス・ジョーズ」のリーダーで渡辺プロダクションを率いる渡辺晋にスカウトされた。その場に居合わせた作編曲家の宮川泰《ひろし》は、「とにかく伊藤姉妹の歌に驚いた。突き抜けるような伸びのある声で、パンチがあって音程が正確。二人で同じメロディを歌うと一人で歌っているように聞こえた」とベタ褒めしている。

上京した伊藤姉妹は「ザ・ピーナッツ」という芸名をもらって渡辺プロ所属の歌手となり、昭和34年に『可愛い花』でレコード・デビューを果たす。

その後は、同じ年に放送を開始した「ザ・ヒットパレード」で、毎週のようにカバー・ポップスを歌い、後発の「シャボン玉ホリデー」ではコントにも挑戦。実力と人気が伴ったスターに成長してゆく。

当時、「ザ・ヒットパレード」で毎週、何曲も洋楽のアレンジを書き続けた宮川には、「これくらいの曲なら自分にも書ける」という思いが芽生えていた。

ある時、その場のノリでザ・ピーナッツに「1曲作ってあげるよ」と言って出来上がったのが、『ふりむかないで』のメロディ。その曲に詞をつけたのは、カバー・ポップスの訳詞家だった岩谷時子だ。

岩谷の本業は、〝日本のシャンソンの女王〟越路吹雪のマネージャー。越路はファンが感情移入しやすいよう、シャンソンや洋楽を日本語で歌うことにこだわった。その訳詞を手がけていたのがマネージャーの岩谷だった。

その後、数年間にわたって何曲も訳詞を書くうちに、新鮮な言葉選びが評判を呼び、他の歌手からも岩谷に声がかかるようになっていった。

『ふりむかないで』の歌詞で、特に話題となったのは次の箇所だ。

今ね　靴下なおしてるのよ
あなたの好きな　黒い靴下

靴下（ストッキング）をなおす……、しかも黒い靴下。そんな光景は男性作詞家にはまず浮かばないだろう。当時としてはちょっとドキリとする斬新な歌詞も、岩谷の詞全体から漂う品の良さと、ザ・ピーナッツが持つ明るさとの調和で微笑ましく聞こえてくる。

そうした独自の世界観は、同じく宮川・岩谷コンビがザ・ピーナッツに提供した『恋のバカンス』（昭和38年）で、さらに進化した。

ため息の出るような　あなたのくちづけに
甘い恋を夢見る　乙女ごころよ
金色に輝く　熱い砂の上で
裸で恋をしよう　人魚のように

『恋のバカンス』より

「ため息の出るような　あなたのくちづけ」という官能的な出だしから、「裸で恋をしよう」と続く歌詞に、業界の人々は度肝を抜かれた。

しかし、岩谷自身は、「天真爛漫な明るさを持つザ・ピーナッツだから、余計なことを考えずに書けた」と、のちに語っている。

大胆な歌詞で評判を呼んだら、次はもっと大胆に……、と考えるのが世の常だが、そこは歌謡史に名を残す宮川・岩谷コンビ。同じ昭和38年に発売された『東京たそがれ』では、失った恋を嘆く女心を切なく歌い上げてみせた。

当初はヒットしなかったが、翌年に『ウナ・セラ・ディ東京』とタイトルを変えて発売すると大ブレイク。ザ・ピーナッツの代表曲となった。

哀《かな》しいことも　ないのになぜか
涙がにじむ　ウナ・セラ・ディ東京　ン……ン

『ウナ・セラ・ディ東京』より

後年、ある新聞が「戦後、強くなったのは靴下と女」と書いて話題を呼んだが、岩谷は、強くなった靴下というアイテムで女性を魅力的に描いた。それ以来、歌謡曲に出てくる女性が強くなったかどうかは別にして、元気になったことは間違いない。

高校三年生（昭和38年）

作詞：丘灯至夫　作曲：遠藤実　歌：舟木一夫

赤い夕陽が　校舎《こうしゃ》をそめて
ニレの木陰《こかげ》に弾《はず》む声
ああ　高校三年生　ぼくら
離《はな》れ離《ばな》れに　なろうとも
クラス仲間は　いつまでも

提供：日本コロムビア

昭和30年代は「望郷歌謡」の誕生で幕を開け、「ロカビリー・ブーム」とその流れを受け継いだ「ポップス歌謡」、洋楽と対抗できる洗練された大人の世界を目指した「ムード歌謡」が人気を集めた。そして、この時代の最後に花開いたジャンルが「青春歌謡」だ。その代表的なヒット曲が、舟木一夫の歌った『高校三年生』である。

この歌は、日本コロムビアの期待の新人舟木一夫のために用意された10編の詞の中の1つ。メロディをつけるのは、舟木を預かり、デビューに向けてレッスンを行っていた作曲家遠藤実だった。

『高校三年生』というストレートなタイトルと「赤い夕陽が校舎をそめて」の歌い出しだけで、懐かしい学び舎の姿がありありと浮かぶ名作だ。

戦前の貧しい家庭に生まれた遠藤は、家計を助けるため高等小学校を卒業してすぐに働きに出た。その後も家々を回って投げ銭を得る「門付け」や、ギターを抱えて盛り場を回る「流し」をしながら世に出た苦労人だ。遠藤の青春は、文字通り泥と汗と涙にまみれていた。

もし、中学・高校に通えていたら、どんな青春時代を送っていただろうか。憧れの青春時代を歌にしてみたいという思いから、遠藤は舟木のデビュー曲を『高校三年生』と決めた。

当初、遠藤は明るい曲調のワルツ（3拍子）のメロディをつけた。しかし、提出する直前にふと思いついた。

「東京オリンピックが近い。溌剌としたマーチにしてみようか」

同時に、ファンファーレのようなイントロと、間奏の「ラララ ランランラン」というコーラスも浮かんできた。思いついてから曲を作り直すまで20分もかからなかったという。

遠藤の失われた青春へのオマージュを込めた『高校三年生』。その詞を書いたのは、『高原列車は行く』『東京のバスガール』などのヒット曲を生んだ作詞家丘灯至夫《おかとしお》である。

丘は、作詞家の他に毎日新聞社の記者という肩書きも持っていた。『高校三年生』の詞を書いたきっかけは、担当する「毎日グラフ」の取材で都内の高校を訪れたことだった。

取材のテーマは学園祭。丘は、白い体操着姿の男女の生徒がフォークダンスを踊っている様子を見て衝撃を受けた。大正生まれの丘にとって、男女が学校で手をつないで踊ることなど想像できないことだった。

ぼくら　フォークダンスの　手をとれば
甘く匂《にお》うよ　黒髪が

丘は、そのフォークダンスの光景から詞をイメージした。つまり、2《ツー》コーラス目の途中から詞を書き始め、そこから周囲に肉付けをしていったのだ。

『高校三年生』が発売された時、舟木はすでに高校を卒業していたが、遠藤はこの歌の衣装は「学生服」しかないと直感した。詰め襟に金ボタンは、遠藤にとって憧れの象徴なのだ。

こうして昭和38年、舟木一夫は学生服姿で鮮烈なデビューを飾った。

それまでも青春ソングをヒットさせた歌手たちはいたが、詰め襟を着て学園生活の素晴らしさをストレートに歌い上げる舟木の登場により、「青春歌謡」の魅力が大衆に認知されたと言ってよいだろう。

また当時、学校の校内放送で歌謡曲を流すことはご法度とされていたが、『高校三年生』だけは堂々と流れていたという。それも、学生服を着た舟木の〝優等生〟のイメージがあったために、許されたのかもしれない。

そして、翌昭和39年には西郷輝彦が青春歌謡路線の『君だけを』でデビュー。舟木に加え、すでに吉永小百合とのデュエット『いつでも夢を』でレコード大賞を獲得していた橋幸夫の3人が、青春歌謡の「御三家」と呼ばれた。あるいは『美しき十代』の三田明を加えて「四天王」と呼ぶ場合もある。


いずれにせよ、高度成長時代の一つの到達点である東京オリンピックの開催前後に、若さを謳歌する青春歌謡が花開いたことは偶然ではないだろう。

しかし、青春歌謡のブームはそれほど長く続かなかった。

もともと「股旅もの」でデビューし、オールラウンドに活躍してきた橋幸夫は、『恋のメキシカン・ロック』をヒットさせて「リズム歌謡」のジャンルを開拓。西郷輝彦は

『星のフラメンコ』で情熱的な個性を爆発させた。

一方、舟木一夫は青春歌謡のイメージからなかなか抜け出せず、苦悩したことも多かったようだ。しかし、芸能生活60年を過ぎたあとは、全てを吹っ切り、学生服姿でステージに立ってファンを楽しませている。

こんにちは赤ちゃん（昭和38年）

作詞：永六輔　作曲：中村八大　歌：梓みちよ

こんにちは　赤ちゃん　あなたの笑顔《えがお》
こんにちは　赤ちゃん　あなたの泣き声《ごえ》
その小さな手　つぶらな瞳《ひとみ》
はじめまして　私がママよ

こんにちは　赤ちゃん　あなたの生命《いのち》
こんにちは　赤ちゃん　あなたの未来《みらい》に
この幸福《しあわせ》が　パパの希望《のぞみ》よ
はじめまして　私がママよ

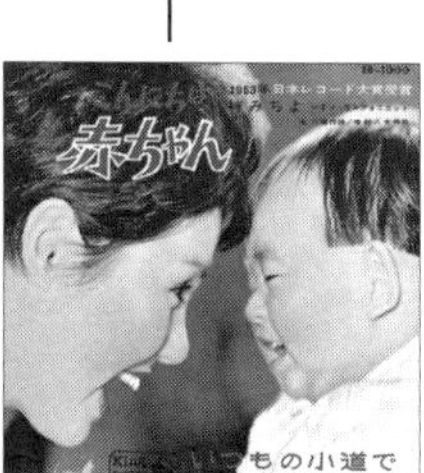

Ⓒ キングレコード

『上を向いて歩こう』が米国ビルボード・チャートの1位を獲得した昭和38年、作曲家中村八大は、自宅で恒例となっている「八大の家の八大ニュース」を発表した。栄えある第1位は、ビルボードでの快挙達成ではなく、長男の誕生であった。

ジャズ・コンボ「ビッグ・フォア」のメンバーだった時代、中村はジャズ・ピアニストとして絶頂期にあった。ところが、ジャズ自体が進化・深化することで大衆を置いてきぼりにした側面もあり、昭和30年代半ばになると、全国を席巻したジャズ・ブームもかなり下火になっていた。

そうした苦難の時期を経て、『黒い花びら』『上を向いて歩こう』とヒット曲を連発。中村は、歌謡曲の作曲家として誰もが認める地位を築き、さらに、ビルボード・チャートでアジアの作品として初の1位を獲得したのである。

その快挙に続いて迎えた長男の誕生は、中村と家族にとってこの上ない喜びだった。

産婦人科の病室で、中村は長男とガラス越しに対面した。

「初めまして、僕が親父です」

そう語りかける中村の様子を、一緒に産院に駆けつけた永六輔がじっと見つめていた。

数日後、永は中村に一編の詞をプレゼントする。

こんにちは　赤ちゃん　お前の笑顔
こんにちは　赤ちゃん　お前の泣き声
その小さな手　丸い目玉
はじめまして　僕が親父だ

受け取った中村は感激して、すぐさまメロディをつけて自分で歌った。つまり、この曲はもともと「親父の歌」だったのである。

その後、ＮＨＫ「夢であいましょう」の中の1コーナー「今月の歌」で披露されることが決まり、番組プロデューサーからの要請で、永が「親父の歌」から「ママの歌」に詞を書き換えている。

ママの歌に生まれ変わった『こんにちは赤ちゃん』は、デビュー2年目の梓みちよが歌い、大きな反響を呼んで大ヒットとなった。

その一方で、赤ん坊を生み育てた経験のある女性からは「何かおかしい」という声も届いたという。十月十日《とつきとおか》の妊娠期間を経て産み落とした我が子に対し、「やっと会えた」という思いはあっても、「はじめまして」という感覚は不自然ではないか、と。

それもそのはず、父親である中村の感動から生まれた歌なのだと、永は番組の中でそのいきさつを明かしている。

また、「ママ」という呼び方が、当時としては一般的ではなく、番組には批判的な声も寄せられたという。逆に、この歌がきっかけで「ママ」という呼び方が全国に浸透したとも言えるのかもしれない。

数々の話題を提供しながら、公称で売上100万枚を超える大ヒットにつながった『こんにちは赤ちゃん』は、昭和38年の日本レコード大賞を受賞した。

永と中村は『黒い花びら』に続いて2度めの戴冠。デビュー以来、カバー・ポップスばかりを歌ってきた梓みちよは、初めてのオリジナル作品で歌謡界最高の栄誉を手にした。

しかし、その急激なブレイクは、当時20歳だった女性にとって荷が重すぎたのかもしれない。どこへ行っても『こんにちは赤ちゃん』のイメージが付きまとうことに、梓は疲れ切ってしまう。次のヒット曲がなかなか出せない焦りもあった。

その後、『二人でお酒を』『メランコリー』などのヒット曲を出しても、結局『こんにちは赤ちゃん』を歌ってほしいと望むファンは多かったという。ある時期から、梓はこの人生最大のヒット曲を封印した。

封印が解けたのは、デビュー40周年コンサートでのこと。その少し前、アメリカに渡った梓は、「どうしても」と頼まれて日系人の聴衆の前で『こんにちは赤ちゃん』を歌った。すると、日系人の聴衆の多くは涙を流しながら聴いてくれたという。その姿を見た梓は、「なぜこの歌をもっと大切にしなかったんだろう」と激しく後悔した。そして、40周年コンサートのアンコールで、会場に詰めかけたファンと一緒に、『こんにちは赤ちゃん』を万感の思いで歌ったのである。

それ以来、梓はこの曲を「自分の原点」と呼んで、生涯大切に歌うことを誓い、歌手人生を全うしたのだった。

学生時代（昭和39年）

作詞・作曲：平岡精二　歌：ペギー葉山

つたの絡《から》まるチャペルで
祈りを捧《ささ》げた日
夢多かりしあの頃の
想い出をたどれば
懐《なつ》かしい友の顔が　一人《ひとり》一人《ひとり》うかぶ
重いカバンを抱《かか》えて
通《かよ》ったあの道
秋の日の図書館の
ノートとインクの匂《にお》い
枯葉の散る窓辺　学生時代

Ⓒキングレコード

ペギー葉山は、米軍のキャンプ回りからキャリアをスタートさせたジャズ歌手であった。その後、ジャズ・バンド、渡辺弘とスター・ダスターズの専属歌手を経てソロ歌手に。10代の頃に声楽の基本を身に付けており、シャンソンやカンツォーネも歌いこなせてレパートリーは広い。

しかし、彼女の人気を決定づけたのは、ジャズでもシャンソンでもなく、昭和34年に発売した、日本民謡調の『南国土佐を後にして』だった。

南国土佐を　後《あと》にして
都《みやこ》へ来てから　幾歳《いくとせ》ぞ

『南国土佐を後にして』より

ジャズ歌手と民謡。この不思議な組み合わせは、昭和33年にＮＨＫ高知放送局の開局を記念したイベントで、担当ディレクターが「ぜひペギーさんに歌ってほしい」と懇願したことから実現したものだった。

日中戦争のさなか、高知県出身の陸軍歩兵隊の中で生まれ、復員した元兵士らの間で歌い継がれてきた『南国土佐を後にして』を、なぜジャズ歌手ペギー葉山に歌わせたのか。実はペギー本人もよくわからないと語っている。

とにかく熱心に頼んでくる担当者のテンションに負けて、ペギーはステージに立った。すると、彼女の歌声を聴いた視聴者から大きな反響があり、翌年、急遽発売したレコードも公称で売上１００万枚超えを果たしたのである。

ジャズ・ブームの終焉が洋楽ミュージシャンに多大な影響を与えていたことは、この本でもくり返し述べてきた。トップにいた中村八大ですら、必死に生き延びる道を模索していた時代。ペギー葉山もジャンルにこだわらず、歌わせてもらえるのなら何でも歌おうの精神で高知の仕事を受けた。望外の結果を得られたことから、「とにかく出会いを大切にして歌うこと」だと肝に銘じたという。

その『南国土佐を後にして』で紅白に出場した昭和34年、ペギーは『爪』という作品を発売している。これは、母校青山学院高等部時代の2年先輩であるジャズ奏者平岡精二から贈られた歌だ。

別れた男女が一人ずつアパートを出ていく。最後に女が残した言葉——

もうよしなさい　悪い癖《くせ》
爪《つめ》を噛《か》むのは　よくないわ

『爪』より

別れた相手を案じる気持ちが、ほのかに漂っている。このスマートな別れがファンには新鮮だった。この別れの形は、昭和40年代後半に阿久悠が書く『また逢う日まで』の世界につながっていく。

『爪』を作詞・作曲した平岡精二は、ビブラフォン（鉄琴の一種で、電動ファンで共鳴管の空気を振動させて余韻を作り出す）の名手として知られ、作詞・作曲・編曲もこなす才人。ペギーとは青学時代からの顔なじみだった。

その数年後、平岡作品を歌うペギーのオリジナルアルバムが企画された。平岡が用意した十数曲の作品の中に『大学時代』という歌があった。

つたの絡《から》まるチャペルで　祈りを捧《ささ》げた日

平岡がモデルにしたのは、もちろん母校の青山学院。歌詞に登場する「つたの絡まるチャペル」は、学院内にある国の登録有形文化財「ベリーホール」だ。

ペギーは、懐かしい高等部時代の記憶が蘇るこの歌をすっかり気に入ったものの、「まだみんなが大学に行けるような時代じゃない」と感じて（ペギー自身、大学には進学せず）、タイトルを『学生時代』に変えるよう提案した。

ところが、平岡はそれに反発。大いに揉めて、レコーディングはかなり険悪な雰囲気の中で行われたという。結果的に、ペギーの意見が通って『学生時代』と改題され、アルバム発売の前にシングル化が決まった。

そのペギーの判断は間違っていなかった。『学生時代』としたことで、聴く人それぞれが思い出に残る母校の姿を脳裏に映すことができる、世代を超えて受け入れられるスタンダードナンバーとなったのである。

二人の母校青山学院では、『学生時代』が今も〝第二の校歌〟として後輩たちに愛唱されているという。また、平成21年には創立135周年を記念して『学生時代』の歌碑がベリーホールの前に建てられている。

その後、ペギーはミュージカル「サウンド・オブ・ミュージック」の挿入歌『ドレミの歌』を翻訳・歌唱して、こちらも国民的な歌に育てた。

ジャズ歌手という背景を持ちながら、広く国民に愛されたヒット曲を3曲も持つ歌い手もなかなかいない。ペギー葉山の面目躍如と言えるだろう。

昭和40年代のヒット曲

兄弟仁義（昭和40年）

作詞：星野哲郎　作曲：北原じゅん　歌：北島三郎

親の血をひく　兄弟よりも
かたいちぎりの　義兄弟《ぎきょうだい》
こんな小さな　盃《さかずき》だけど
男いのちを　かけてのむ

歌手北島三郎の人気を決定づけた昭和40年のヒット曲『兄弟仁義』。

この年は、奇しくも東映映画の任侠路線が生んだスター高倉健の主演する3つのシリーズ「日本侠客伝」「昭和残侠伝」「網走番外地」が出揃った年でもある。さらに、高倉が歌った「昭和残侠伝シリーズ」の主題歌『唐獅子牡丹』がレコード化され、ロングセラーのヒットとなった。

義理《ぎり》と人情《にんじょう》を　秤《はかり》にかけりゃ
義理が重《おも》たい　男の世界

『唐獅子牡丹』より

理不尽な権力者の横暴に耐えるだけ耐え、最後に怒りを爆発させて敵地に乗り込む健さん見たさに、映画館に押し寄せたのはブルーカラーの工員や水商売の女性、ベトナム戦争反対を叫ぶ学生運動の闘士らが中心だったという。

高度成長の真っ只中とはいえ、東京オリンピック後の反動による「昭和40年不況」が日本中に暗い影を落としていた。そうしたひずみの直撃を受けるのが大衆であることは、いつの時代も変わらない。やり場のない怒りを巨悪に立ち向かう健さんの背中に重ねて、大衆は喝采を送ったのである。

そんな時代背景にも後押しされて『兄弟仁義』はミリオンセラーを記録。さらに、北島三郎主演で映画「兄弟仁義」シリーズも封切られた。

そのため、『兄弟仁義』は最初から任侠やくざをテーマに作られた歌だと思われがちだが、実はそうではない。その背後には、当時のレコード業界を震撼させた分裂騒動の中で、任侠映画さながらに義理と人情の板挟みに苦しんだ、歌い手や作り手たちの葛藤が潜んでいた。

日本のレコード業界の老舗で、美空ひばり、島倉千代子、村田英雄、舟木一夫らスター歌手の宝庫だった日本コロムビア。作家陣も古賀政男を筆頭に、服部良一、船村徹、西條八十、石本美由起ら昭和歌謡の黄金期を支えた面々が顔を揃え、当時、自他ともに認める業界の最大手であった。

そのコロムビアに昭和30年代後半、大蔵省の大物OBが代表取締役会長に天下りし、旧態然としたレコード業界に近代化を促したことが内紛の火種となった。新会長の経営方針に異を唱えたプロデューサーが突然役職を解かれて退職すると、その強引な手法に現場が反発。五木寛之の小説『艶歌』に登場する「艶歌の竜」こと高円寺竜三のモデルとなったディレクター馬渕玄三をはじめ、中心メンバーが一気に離反し、新たなレコード会社「日本クラウン」を設立した。いわゆる「クラウン騒動」である。

その余波で、製作陣のみならず人気歌手も大量に引き抜かれるのではと噂が駆け巡り、現場は戦々恐々としていた。

当時、若手の売れっ子作詞家だった星野哲郎は、真っ先にクラウン移籍を決めた一人だ。商船学校を出て遠洋漁業の船員をしていた星野は、航海中に腎臓結核で倒れ、船乗りの夢を諦めた。故郷瀬戸内の周防大島で闘病生活を送る間、満たされぬ思いを詩に書き表すことで救われ、30代半ばでようやく一人前の作詞家と認められた苦労人である。

北島三郎の出世作である『なみだ船』も星野の作品。元船乗りの経験から紡ぎ出される言葉が秀逸で、海の男を描かせたら右に出る者はいなかった。

クラウン騒動が起きた際、星野は一本立ちできた恩人であるディレクター斎藤昇の移籍を知り、すぐさま後を追うと決めた。だが、コロムビア側の巻き返しが激しく、前評判ほど歌手の移籍話は進んでいない状況だった。

ある日、星野は地方巡業に出ていた北島三郎を楽屋に訪ねた。

「俺、斎藤さんと行くよ」

星野はそう言葉を発すると、黙って北島を見つめた。北島は星野の目の奥に強い意志を感じた――「一緒に来てくれないか」

おれの目をみろ　何《な》んにもゆうな
男同志の　腹《はら》のうち

星野の目を見て、北島はコロムビアからクラウンへの移籍を決めたという。こうした二人の熱いやり取りを歌にしたのが『兄弟仁義』なのである。

後年、星野は決してヤクザ礼賛の歌ではないと語ったが、任侠と昭和歌謡の世界には、心情の上で重なる部分があったことは間違いなさそうだ。

結局、製作スタッフの大量移籍はあったものの、歌手と作詞家・作曲家の移籍は北島や星野ら一部にとどまった。

専属契約が幅を利かせていた時代、星野はかつて『アンコ椿は恋の花』を提供した都はるみに移籍後は詞が提供できなくなり、北島もまた師と仰ぐ作曲家船村徹の楽曲を歌えなくなった。

相思相愛の歌手と作家が自由にタッグを組めるようになるには、それから10年あまり後、レコード会社の専属契約が有名無実化する昭和50年代まで待たねばならなかった。

君といつまでも（昭和40年）

作詞：岩谷時子　作曲：弾厚作　歌：加山雄三

ふたりを　夕《ゆう》やみが
つつむ　この窓辺《まどべ》に
あしたも　すばらしい
しあわせが　くるだろう
君のひとみは
星とかがやき
恋する　この胸は
炎《ほのお》と燃えている
大空そめていく
夕陽いろあせても

ふたりの心は　変らない
いつまでも

日本で観光目的での海外渡航の自由化が実施されたのは、昭和39年のことだ。1ドル360円の固定相場の時代、当初厳しく制限されていた外貨の持ち出しも、2年後の昭和41年には回数制限も撤廃され、1回500ドル以内であれば持ち出し自由となった。

とはいえ、庶民にとっては海外旅行など夢のまた夢。そんな時代にハワイでウクレレを爪弾き、ヨーロッパ・アルプスをスキーで滑降し、黄色い歓声を浴びながらエレキギターをかき鳴らすヒーローがスクリーンを席巻していた。

「若大将」加山雄三である。

戦後を代表する二枚目スター上原謙を父親に持つサラブレッド。昭和35年に東宝と契約した加山は、翌年「若大将シリーズ」の第1作「大学の若大将」で主演に抜擢された。そのスポーツ万能で明朗快活なキャラクターは、高度成長期に入った日本の大衆に憧れを持って受け入れられた。

加山のもう一つの魅力は「歌」である。中高生時代から始めた作曲で「弾厚作《だんこうさく》」というペンネームを持つ、シンガー・ソングライターの走りでもあった。

東宝の製作陣は、劇中で加山に自作曲を歌わせようとした。しかし、加山はメロディラインに合う英語を口ずさむことはできても、日本語で詩を書くのは苦手。そこで、東宝文芸部に籍を置いていた岩谷時子に白羽の矢が立った。

岩谷は東宝の社員だったが、実質は宝塚歌劇団から移籍してきた歌姫越路吹雪のマネージャーであり、越路が歌う洋楽カバー曲の訳詞を任されていた。

加山が学生時代に書いたという曲には、英語の歌詞がついていた。岩谷は冒頭の部分だけ英語を残して、あとは加山のイメージを大切にしながら詩をつけた。それが「ハワイの若大将」の劇中歌『恋は紅いバラ』だ。

I love you, yes I do
愛しているよと　君に云いたくて
そのくせ　怖いのさ

『恋は紅いバラ』より

この曲は、加山のデビューシングル盤として公称50万枚を売り上げるヒット曲となった。すると、それに気を良くしたレコード会社が、加山に「同じタイプでもっといい曲を、1週間以内に作れ」と命じたのである。

それまで、気の向くままに曲を書いてきた加山だが、仕事となると勝手が違う。何を書いても『恋は紅いバラ』に似る気がして筆が進まない。1週間にわたって悪戦苦闘しながらどうにか五線譜をおたまじゃくしで埋めると、加山は鼻歌で歌ったメロディをデモテープに吹き込んで岩谷に渡した。

今度は、岩谷が苦悶する番だ。デスク業務と越路のマネージャー業を終えたあとの深夜が、岩谷に許された創作の時間帯。テープを何度も巻き戻してメロディを聞き直しながら、加山が何を伝えたいかを少しずつ探っていく。超多忙な加山のレコーディングに間に合わせるため、大抵の詞は翌朝までが締切だった。七転八倒してようやく言葉を絞り出すと、急いで原稿用紙をスタジオに届ける。そんな文字通り身を削るような思いで録音に向かうと……、

「これなんだよなあ。こんな歌にしたかったんだ！」

加山は、岩谷が書き上げた詞をいつも驚いたような表情で絶賛したという。

西洋的なおおらかさや明るさと、日本男子らしい古風な厳しさの共存。岩谷は、メロディと詞のキャッチボールをしながら、加山の心の内にある新しい時代の理想の男性像を、誰よりも早く見つけ出し、歌詞という見える形にして大衆に伝えていたのかもしれない。

『君といつまでも』といえば、曲中に出てくる次のセリフが有名だ。

幸せだなァ……

僕は君といる時が一番幸せなんだ

実は『君といつまでも』のレコーディングに、岩谷は立ち会っていない。ディレクターの発案で間奏にセリフを入れることになり、加山がその場で思いついたものだった。こういう甘い言葉をひねり出し、サラリと口に出せるのも、若大将・加山のあり方が時代を先取りしていた証なのだろう。

あれから、およそ60年の歳月が流れた。

85歳を迎えた加山は令和4年、コンサート活動を休止すると発表した。「まだ歌えるうちにやめたい。最後までいつも通り歌う」というコメントからも、若大将らしい男気とファンの夢を壊すまいとする優しさが滲み出ている。

悲しい酒（昭和41年）

作詞：石本美由起　作曲：古賀政男　歌：美空ひばり

ひとり酒場で　飲む酒は
別れ涙の　味がする
飲んで棄《す》てたい　面影が
飲めばグラスに　また浮かぶ

提供：日本コロムビア

時代を超えて歌い継がれる名曲は、作品としての価値とは別のところで、いくつものドラマを抱えている。期待されずB面に入った歌、二日酔いで録音をすっぽかした歌手の代役が吹き込んだ歌、一度は世に出たものの全く売れなかった歌……。そうしたエピソードの重なりなくして名曲は生まれ得ない。

昭和35年頃のある日のこと、作詞家石本美由起はレコード会社のディレクターからこんな依頼を受けた。

「『酒は涙か溜息か』の現代版を書いてくれませんか？」

『酒は涙か溜息か』（昭和6年）は、戦前の大ヒット曲で古賀メロディの原点とも言える作品。それをまた、古賀本人の作曲で今の世に蘇らせようというのだから、石本の気合の入り方はいつもと違った。

酒は涙か　溜息か
こころのうさの　捨てどころ

『酒は涙か溜息か』より

『酒は涙か溜息か』の歌詞は「二行詩」で書かれている。聴き手を惹きつけ、その脳裏に映像が浮かぶような歌詞を、短く二行でまとめるのは至難の業だ。

案の定、石本の筆は全く進まなかった。気分転換に銀座へ飲みに出ても、頭の中は新曲のことばかり。酔えない体を引きずるように自宅のある横浜へ戻ってから、もう一杯だけと、石本は横浜駅西口の小さなバーに立ち寄った。

店の名は「コロ」。そこで石本は、一人のホステスから身の上話を聞いた。彼女は、夫と別れて夜の勤めに出ながら、子供を育てるシングルマザーだった。親身に話を聞くうち、石本の頭に一つのフレーズが浮かんだ。

ひとり酒場で　飲む酒は
別れ涙の　味がする

あれほど苦戦していた二行詩がポトリと手の中に落ちてきた。石本は急いで自宅に戻り、残りの詞をたったひと晩で書き上げたのである。

ところで、『悲しい酒』は美空ひばりのために書かれた歌ではない。最初にレコーディングしたのは、日本コロムビア期待の青年歌手北見沢惇だった。

しかし、古賀と石本というエース級が自信を持って送り出した歌も、残念ながら世間に届かず、北見沢は失意のうちに夭折してしまった。

『悲しい酒』をこのまま埋もれさせるのは惜しいと感じた古賀は、北見沢版の発売から6年後、満を持して美空ひばりにその命運を託したのである。

余談だが、『悲しい酒』がリメイク作品であることを、周囲はひばりにひた隠しにしていた。誰かのお下がりを女王に歌わせるのは失礼だと、忖度した結果だ。

ところが、この歌の生い立ちを知ったひばりは「そんなこと気にしないわよ」と笑い飛ばしたという。

たしかに、二人の歌を聞き比べれば、まるで別の歌のように聞こえてくるから不思議である。目に見える形での違いもあった。それは、一番のあとの間奏で語られる「セリフ」の有無だ。

ああ別れたあとの心残《こころのこ》りよ
未練《みれん》なのね　あの人の面影
淋《さび》しさを　忘れるために
飲んでいるのに　酒は今夜も
私を悲しくさせる　酒よ
どうしてどうして　あの人を
あきらめたらいいの　あきらめたらいいの

ひばりが最初に吹き込んだレコードに、このセリフはない。ある公演のリハーサル中に、ひばりが「間奏にセリフが欲しい」と思いつき、作詞家の石本に急遽電話で依頼したものだ。石本はこれをわずか2時間で書き上げたという。

こうして役者が揃った『悲しい酒』。情感を込め、滂沱の涙を流しながら乱れることなく歌い切るひばりの姿に、聴く者は大いに心を揺さぶられた。

当初は3分半程度だった演奏時間が少しずつ伸び、のちのステージでは7分を超えることもあった。これほど歌の尺に差がついた曲も珍しい。

ビートルズが来日し、グループ・サウンズが一大ブームとなった昭和41年。熱狂して声を張り上げながら全身で聴く曲と、まだカラオケのなかった酒場でじっと耳を傾ける曲が共存していた時代に、『悲しい酒』は後者の頂点を極めた楽曲と言えるだろう。

後年、作詞家石本美由起は作品のヒントをくれた礼を言おうと、バー「コロ」を訪ねたが、あのホステスは店を辞めていた。彼女は自分が名曲『悲しい酒』のモデルであることを知らぬまま、石本の前から姿を消したのだった。

夕陽が泣いている（昭和41年）

作詞・作曲：浜口庫之助　歌：ザ・スパイダース

夕焼け　海の夕焼け
真赤な　別れの色だよ
誰かに恋をして
激しい恋をして
夕陽が泣いている
僕の　心のように
夕陽も　泣いてるのだろう

昭和41年に音楽界に起きた出来事で、忘れてはならないのが「ザ・ビートルズの来日」である。

ビートルズのレコード・デビューはその4年前の1962年（昭和37年）。それまでのリーゼントに革ジャン姿で不良っぽさをアピールしていたアメリカン・ロックとは違い、マッシュルームカットの若者たちが演奏する洗練されたリバプール・サウンドに、日本の若者たちは敏感に反応した。

そのビートルズ登場に衝撃を受け、真っ先にコピーして演奏したバンドが田辺昭知とザ・スパイダースだ。それまでは米軍キャンプ回りやジャズ喫茶に出演していたが、途中加入したかまやつひろしがビートルズを〝発見〟すると、「こういうのやろうよ！」とメンバーを説得。昭和39年には、リバプール・サウンドを演奏するのに適した編成に組み換えた。

メンバーは、リーダーの田辺昭知（ドラムス）の他、加藤充（ベース）、かまやつひろし（ギター）、大野克夫（オルガン）、井上孝之（ギター、のちに本名の堯之にする）、堺正章（ボーカル）、井上順（ボーカル）という7人組となった。

それ以後、来日したブリティッシュ系ロックバンドと共演しながら腕を磨いたスパイダースは、翌昭和40年にかまやつが作詞・作曲した『フリフリ』で初のシングルを発売。耳の肥えた音楽通にも次第に評価され始め、一般のファンにも名が知られるようなバンドに成長していた。

そして昭和41年、来日したビートルズの武道館公演にあたり、スパイダースも前座での演奏依頼を受けたが、あえて断ったという。たしかに光栄な話だと感じたが、前座を務める多くのバンドに埋もれるのは嫌だ……、そう思えるほど、スパイダースは自らのサウンドに自信を持ち始めていた。

だが、そんなメンバーの思いとは裏腹に、ヒット曲を欲しがるレコード会社の意向で、ヒットメーカー浜口庫之助が作詞・作曲した歌をレコーディングする企画が持ち上がった。それが『夕陽が泣いている』だ。

夕焼け　海の夕焼け

真赤な　別れの色だよ

たしかにいい曲だったが、メンバーの誰もが「歌謡曲みたいだ」と感じた。

また、海外進出を見据えて洋楽レーベルと契約していたため、同じ曲の英訳版『サッド・サンセット』をヨーロッパで発売することが決まった。

それまで自分たちが追い求めてきた路線との違いに戸惑いつつ、慌ただしく日本語版・英語版の録音を済ませると、メンバーはプロモーションのためにヨーロッパへ旅立った。

20日あまりの間に、アムステルダム、パリ、ローマ、ハンブルク、コペンハーゲン、ロンドンを回るという強行軍をこなし、やっとの思いで帰国。

羽田空港に着くと、若い女の子たちがひしめき合って手を振っていた。数カ月前のビートルズ来日を思い出し、「またビートルズが来るのかな」と冗談を言い合っていたメンバーは、それが自分たちを出迎えるファンだと知ってビックリ。

ヨーロッパを回っていた留守の間に、『夕陽が泣いている』はヒットチャートの上位にランクインされていたのである。

たしかに『夕陽が泣いている』のヒットで、スパイダースはメジャーな存在になった。しかし、ファン層は入れ替わり、それまでスパイダースのサウンドを評価してくれていたコアなファンは離れてしまう。

予想を超えた多忙な日々が続く中で、「これが〝売れる〟ということなんだ」と、メンバーは自分たちを納得させるほかなかった。

昭和41年のビートルズ来日は、「グループ・サウンズ（GS）」ブームの火付け役となった。それ以前から活躍していたスパイダースや、ジャッキー吉川とブルー・コメッツに続き、ザ・タイガース、オックス、ザ・テンプターズらが次々とデビューし、歌謡界を席巻。歌謡曲とロックの中間を縫うような「GSサウンド」が若者たちを熱狂させた。

人気・実力ともにGSブームを引っ張る存在だったスパイダースは、『バン・バン・バン』『あの時君は若かった』などヒット曲を放ったが、一世代下のタイガースやテンプターズの爆発的な人気に主役の座を譲った。そしてGSブームは実質的に2年ほどで終焉を迎えたのである。

スパイダースを音楽面でリードしたムッシュかまやつは、後年「(我々は)『夕陽が泣いている』で実質的に終わりかけていたのかもしれない」と述べている。

昭和45年、スパイダースはひっそりと解散したが、メンバーはその後、それぞれの個性を生かしながら音楽・芸能活動を続けてゆくことになる。

星のフラメンコ（昭和41年）

作詞・作曲：浜口庫之助　歌：西郷輝彦

好きなんだけど　離れてるのさ
遠くで星をみるように
好きなんだけど　だまってるのさ
大事な宝　かくすように
君は僕の心の星
君は僕の宝
こわしたくない　なくしたくない
だから　好きなんだけど　離れてるのさ
好きなんだけど　だまってるのさ

浜口庫之助（愛称：ハマクラ）は昭和歌謡界が誇る巨人の一人だが、彼が作詞・作曲に取り組んだのは40歳を過ぎてからだった。

大正6年、神戸の実業家の家に生まれた浜口は、父親がクリスチャンだった影響で幼い頃から賛美歌に親しみ、ピアノやギターを独学で修得できるほど音楽的センスに恵まれた少年だった。のちに家族で東京へ移ると、ジャズやハワイアン音楽に目覚め、青山学院大学在学中にバンドを組んでプロ顔負けの演奏活動に精を出したという。

卒業後は貿易会社に就職してインドネシアに赴任。現地で終戦を迎えて捕虜となり、収容所生活を終えて昭和21年に帰国した時は28歳になっていた。

東京の街は復興の途上だったが、海外から洪水のように流れ込んだ音楽にあふれていた。「やっぱり、音楽をやらなければ生きて行けない」

様々なバンドを渡り歩いたあと、浜口はラテンバンド「アフロ・クバーノ」を結成。ボーカルとしてＮＨＫ紅白歌合戦に出場するほどの人気を誇った。

しかし、40歳を迎える年に、それまで積み上げてきたものを全て捨てる決断をした。

それは、なぜか……。

ちょうどその頃、海外から来日した舞踏団の一人がステージでこう挨拶した。

「日本の皆さんに郷土の芸術を披露できて光栄です」

ごく当たり前の話に聞こえるが、浜口は衝撃を受けた。これまで自分は外国の音楽ばかりを演奏してきた。もし、アメリカ公演に出かけたら何と挨拶すればいいのか。「皆さんの真似をしに来ました」とでも言うのか……。

この時、浜口ことハマクラは「日本人として日本の音楽を作る」と心に誓い、アフロ・クバーノを解散したのである。


恵まれた家庭に生まれ、歌手として一つの頂点を極めたハマクラが全てを投げ捨て、一からスタートすることは並大抵ではなかった。家庭も不和になり、妻とは別居。持っていた外車も売り飛ばし、倉庫番をしていた友人の家に転がり込んだこともある。

そんな辛酸を嘗める日々が続いたあと、ようやく昭和34年に『黄色いさくらんぼ』がヒットすると、その後は『僕は泣いちっち』『涙くんさよなら』などを世に出し、ヒットの方程式を確立する。

そして昭和40年、ハマクラはデビュー2年目の若手歌手を紹介された。それが青春歌謡の「御三家」の一人、西郷輝彦だった。

もともとジャズ喫茶で歌っていた西郷は、優しいメロディラインの青春歌謡に縛られることが窮屈になってきていた。

ハマクラはそんな西郷の本心を見抜き、イメージチェンジを果たすべく、ビートの効いた楽曲『星娘』を提供する。

星娘イエイイエイ　星娘イエイイエイ　星娘イエイイエイ
星のようなあの子
輝くひとみが

『星娘』より

大胆なイメージチェンジを危惧する声もあったが、ファンは西郷が見せた新たな魅力を受け入れ、『星娘』はヒット曲となる。

さらに飛躍させようと、次にハマクラが選んだ題材が「フラメンコ」だった。

昭和41年、ハマクラと西郷はスペインを訪れ、毎日のようにフラメンコの舞台を見たという。そして、帰国から1カ月後に届いたテープには、ハマクラが自ら歌ったデモ演奏が録音されていた。

好きなんだけど　離れてるのさ

最初のフレーズを聴いただけで、西郷は全身にビリッと電流が走るのを感じた。これまでの歌謡曲でフラメンコを取り入れた歌は聴いたことがない。素晴らしい出来栄えだ、でも自分に歌えるだろうか……。

だが、難しいことを考えるのは止めて歌詞を大切に歌うことを心がけ、無心で歌うと、レコーディングでは一発ＯＫが出た。こうして発売された『星のフラメンコ』は期待以上の大ヒット。女性への思いをストレートに伝える情熱的な男性像を獲得し、西郷の歌手人生における代表作となったのである。

ハマクラは、その後も『夜霧よ今夜も有難う』（石原裕次郎）、『バラが咲いた』（マイク真木）、『空に太陽がある限り』（にしきのあきら）、『人生いろいろ』（島倉千代子）など、歌い手にとって代表作となるような歌を世に送り出した。

ハマクラは、よくこう言っていたという。

「歌は作っちゃダメだ、生まなければ」

ラブユー東京（昭和41年）

作詞：上原尚　作曲：中川博之　歌：黒沢明とロス・プリモス

七色《なないろ》の虹《にじ》が　消えてしまったの
シャボン玉《だま》のような　あたしの涙
あなただけが
いきがいなの　忘れられない
ラブユー　ラブユー　涙の東京

昭和40年代の歌謡界を振り返る時、忘れてならないのはムードコーラス・グループの台頭だ。

昭和30年代の半ば頃、フランク永井や松尾和子、水原弘らの活躍でムード歌謡がジャンルとして確立した。その中で、日本レコード大賞を受賞した『誰よりも君を愛す』で松尾和子とデュエットした和田弘とマヒナスターズは、ムード歌謡にコーラスを持ち込んだ元祖である。

その後、マヒナスターズは吉永小百合や田代美代子らと組み、ヒット曲を連発したが、後発のグループはなかなか現れず、ムードコーラスの分野では一人勝ちの様相を呈していた。

昭和40年代に入ると、ビートルズやベンチャーズに影響を受けた若者たちによる「グループ・サウンズ」がブームとなり、ハワイアンやラテン音楽を演奏していたグループは、以前にも増して活躍の場を失っていった。そこで彼らは、一人気を吐くマヒナスターズを見習い、ムードコーラスでひと旗揚げようと次々歌謡界に参入したのだった。

当時、伝説のシャンソン喫茶「銀巴里」のステージで、シャンソンの合間にラテン音楽を演奏していたグループに、黒沢明とロス・プリモスがいた。ラテン音楽で使われる小型のレキント・ギターやアルパ（小型のハープ）をバックに、ボーカルの森聖二《もりしょうじ》が艶のある甘い歌声を聞かせる本格派バンドだったが、まだ無名でオリジナルの楽曲すら持っていなかった。

そのロス・プリモスが、たまたま知り合いに連れられて「銀巴里」を訪れた一人の作曲家と出会い、「曲を書いてほしい」と頼んだことで、運命の歯車が回り始める。

作曲家の名は中川博之、当時28歳。ＣＭソングの作曲でデビューしていたものの、こちらもまだ無名の存在だった。

昭和12年生まれの中川は、朝鮮半島で終戦を迎えたあと、筆舌に尽くしがたい体験を経て本土に引き揚げてきた。その道程で、最愛の母が病死するという悲劇にも見舞われた。高峰三枝子の『湖畔の宿』をよく口ずさんでいた亡き母の姿を追い求めるように、中川は音楽の世界へ進んでゆく。

ガソリンスタンドの店員、劇団のマネージャーを経て、ＣＭソング出身の作曲家いずみたくの事務所に入ったのは25歳の頃。そこで、オーディションを受けて実力で仕事を勝ち取り、ようやく作曲家のプロとしてスタートラインに立ったばかりだった。

ちょうどその時期、中川は失恋を経験していた。どことなく亡き母の面影がある女性だった。寂しさを紛らわすため、暮らしていたアパートの窓辺でギターをポロンポロンと爪弾いていると、露地で遊ぶ子供たちの歓声とともにシャボン玉が一つ、目の前に現れ、七色に輝きながらフッと弾けた。

七色《なないろ》の虹《にじ》が　消えてしまったの
シャボン玉のような

すぐさま歌詞のイメージが浮かび、あとからメロディがついてきたと、のちに中川は語っている。こうして生まれた『ラブユー東京』だが、問題はロス・プリモスがレコード会社と契約できるかどうかだった。しかし、そこにも運があった。

その2年前、老舗から独立した新しいレコード会社「日本クラウン」が船出をしたばかりで、新たな作り手や歌手を意欲的に発掘していたのだ。

そうした出会いの連鎖がうまくつながり、昭和41年4月に『ラブユー東京』は発売にこぎ着ける。

人気に火がついたのはその年の暮れあたりから。盛り場で働くホステスたちは、どことなく悲しい半面、サバサバとした明るさが感じられるところに共感したのだった。

いつまでもあたし　めそめそしないわ
シャボン玉《だま》のような　明るい涙

男にすがって泣き叫ぶような別れ方はもう古い。耐えて忍んで男の帰りを待つ暮らしもしたくない。そんな同時代の女性の思いをすくい取れたことも、『ラブユー東京』がミリオンセラーを記録した理由の一つなのだろう。

その後、鶴岡雅義と東京ロマンチカ、ロス・インディオス、敏いとうとハッピー&ブルー、森雄二とサザンクロスらの登場により、ムードコーラスは時代を席巻。その中で、中川博之は『たそがれの銀座』『夜の銀狐』『わたし祈ってます』『さそり座の女』とヒット曲を量産し、ムード歌謡のヒットメーカーとして歌謡史にその名を刻むことになる。

さらに、あくまでライトで、女心に寄り添ったムードコーラスの恋愛観は、歌謡曲全体にも確実に影響を与えたのだった。

星影のワルツ（昭和41年）

作詞：白鳥園枝　作曲：遠藤実　歌：千昌夫

別れることはつらいけど
仕方《しかた》がないんだ　君のため
別れに星影の　ワルツをうたおう……
冷《つめ》たい心じゃないんだよ
冷《つめ》たい心じゃないんだよ
今でも好きだ　死ぬ程《ほど》に

写真協力）徳間ジャパンコミュニケーションズ

千昌夫の歌う『星影のワルツ』がヒットチャートに上がったのは昭和43年。最初にシングルが発売されてから2年後のことだ。その間、千昌夫と育ての親である作曲家遠藤実との間には、ドラマさながらのやり取りがあった。

歌謡界が成立してからの長い間に、「歌手の卵は作曲家に弟子入りし、レッスンを受けながらデビューを待つ」というスタイルが確立していた。オーディションやコンクールで優勝してもすぐにデビューできることは稀で、審査員を務めた作曲家に預けられることが多かった。

また、ヒット曲のある有名作曲家の家に押しかけて、「弟子にしてください」と直談判するケースもあった。千昌夫もそんな押しかけの一人だった。

岩手県出身の千は、高校2年の修学旅行で上京した折に、団体行動から抜け出して、遠藤実の自宅を訪ねている。この時、遠藤のヒット曲『高校三年生』を歌ったが、こぶしを利かせながら伴奏を外れて朗々と歌い上げた揚げ句、「先生のピアノが邪魔です」と言い放ち、遠藤を呆れさせたという。

それでも遠藤が最終的に弟子入りを認めたのは、千の粗削りな歌声の中に哀愁の色を感じたからだった。

その後、高校を中退して内弟子になった千は、様々な失敗をくり返しながら厳しいレッスンに耐え、18歳の時、遠藤作品『君が好き』でデビューを果たす。比較的短い修業でデビューにこぎ着けたのには訳があった。

昭和40年、遠藤実は新設のレコード会社「ミノルフォン」の専属作曲家に就任する。オーナーである中山幸市（太平住宅の創業者で遠藤のパトロン）に三顧の礼で迎えられたためだった。

当時、『高校三年生』などヒット曲を量産して自信にあふれていた遠藤は、「1年で他のレコード会社と並ぶ規模にしてみせます」と大見得を切った。

ところが、全国でオーディションを開催してもスターが見つからない。役員として経営にも関わっていた遠藤は、赤字続きで針のむしろ。とにかく弾を撃ち続ける必要があり、弟子の千昌夫にもチャンスが巡ってきたのだった。

千には自信があった。デビューさえすればきっとスターになれる。だがレコードは全く売れなかった。3枚目のシングル『君ひとり』も不発で、千は自暴自棄に。その行動を見て遠藤は激怒し、千に「出入り禁止」を言い渡したのである。

知り合いの家を転々としながら、千はデビューしただけで舞い上がっていたおのれを反省した。落ち着いてこれまでに出した持ち歌を聞き返してみると、『君ひとり』のB面曲が、染み入るように心に届いた。

それが『星影のワルツ』だった。

別れることはつらいけど
仕方《しかた》がないんだ　君のため

この歌詞は、作詞家白鳥園枝が歌謡同人誌『こけし人形』に投稿した4行詩が土台になっている。タイトルにもなったフレーズ「別れに星影のワルツをうたおう」は、メロディに合わせてあとで遠藤が加えたものだ。

師匠に「出入り禁止」を解いてもらうには結果を出すしかない。その時、千が目を付けたのは「有線放送」だった。

当時、盛り場のスナックやバーには、BGMとして音楽を流す有線放送が普及し始めていた。様々なジャンルの音楽が聴ける他、リクエストを受け付けるチャンネルもある。千は、昭和41年の暮れから、ひと晩で数十件の電話を毎日のようにかけて『星影のワルツ』をリクエストした。それと並行して、全国各地の有線放送局を訪れて『星影のワルツ』を生で歌いながら支援を訴えたという。

1年経っても効果はなかなか表れない。それでも千は地道なプロモーション活動を続けた。もう他に歌手として生き残れる道はないのだ。

そんな頃、遠藤は立ち寄った地方のクラブに流れる有線放送で『星影のワルツ』を耳にした。ホステスたちが有線に何度もリクエストする様子を見て、この曲の人気が地方にまで浸透している現実に驚かされたのである。

その後、千が心を入れ替えて努力を続けている様子を知り、遠藤は千の出禁を解いた。さらに、昭和43年にはレコーディングをし直して『星影のワルツ』を再発売。2年ぶりに聴く千の歌声には、深い哀愁の色が滲み出ており、大きな成長を感じさせた。そのことが何よりうれしかった。

こうして、『星影のワルツ』は公称170万枚のミリオンヒットを記録。ミノルフォンレコードの売上にも貢献し、師匠遠藤の窮地を救ったのである。

ブルー・シャトウ（昭和42年）

作詞：橋本淳　作曲：井上忠夫　歌：ジャッキー吉川とブルー・コメッツ

もりといずみに　かこまれて
しずかにねむる
ブルー　ブルー　ブルーシャトウ
あなたがぼくを　まつている
くらくて　さみしい
ブルー　ブルー　ブルーシャトウ

きっとあなたは
あかいバラの　バラのかおりが
くるしくて

提供：日本コロムビア

なみだをそっと　ながすでしょう
よぎりのガウンに　つつまれて
しずかにねむる
ブルーブルーブルーシャトウ
ブルーブルーブルーブルーブルー
ブルーシャトウ

ビートルズの来日をきっかけに起きたグループ・サウンズ（GS）の興隆。初期のブームを引っ張ったバンドがジャッキー吉川とブルー・コメッツである。

ブルー・コメッツの名が生まれたのは、昭和32年のこと。米軍キャンプ回りをするロック・コンボで、演奏面のクオリティが高く評価されていた。

昭和38年にジャッキー吉川（ドラムス）がリーダーとなり、その後メンバーの入れ替えをくり返しながら、昭和40年頃には高橋健二（ベース、ボーカル）、井上忠夫（フルート、サックス、ボーカル、のちに大輔と改名）、小田啓義（キーボード）、三原綱木（ギター、ボーカル）という全盛期のメンバーが揃った。

当時のブルー・コメッツはバックバンドの活動がメインで、ボーカルに合わせて幅広いジャンルの音楽が演奏できるプロ集団だった。しかし、メンバーの中に次第に鬱憤が溜まり始める。他人の伴奏だけじゃつまらない、自作の歌を自分たちで歌いたい。特に作曲担当で音楽面をリードしていた井上忠夫にその思いが強かった。

その頃、ブルー・コメッツはフジテレビ「ザ・ヒットパレード」にレギュラー出演中。総合演出のすぎやまこういちに相談を持ちかけると、彼の門下にいた作詞家橋本淳と井上の二人でオリジナルの曲づくりをすることになった。

橋本は構想を練るうち、以前ニューヨークの美術館で見たピカソの絵を思い浮かべた。

青色や青緑色を中心としたモノクロームの世界、いわゆる「青の時代」の絵画。その青い世界をイメージして書いた詞が『青い瞳』である。

かわす言葉も　俺たちにはない
青い瞳が　別れを告げるだけ

『青い瞳』より

ところが、どのレコード会社もブルー・コメッツのシングル発売には消極的だった。専属契約を結んでいないためだ。結局、専属の力が及ばない洋楽レーベルから出す苦肉の策をとったため、昭和41年発売の「青い瞳」では歌詞を英語に置き換えることに。その後、「ザ・ヒットパレード」で毎週のように演奏されると、その新鮮なサウンドが視聴者に評価されて人気が上昇。4カ月後にようやく日本語版を発売し、売上50万枚のヒットを記録。こうして、ブルー・コメッツはバックバンドから主役への転向に成功した。

この曲のヒットで、井上・橋本コンビのもとには作曲の依頼が舞い込み始める。その中に、渡辺プロの新人だった木の実ナナの新曲のオーダーがあった。

橋本がヨーロッパの古城をイメージした詞を書くと、井上は、リズムは最新のポップスを意識しながら、メロディや和音に日本的な要素を取り入れた曲を完成。ところが、あまりに出来が良かったため、このままブルー・コメッツに歌わせようと話が決まる。それが『ブルー・シャトウ』だった。

きっとあなたは　あかいバラの
バラのかおりが　くるしくて

ブルー・コメッツの売りはコーラスの美しさ。先に挙げた歌詞の1行目は、ユニゾンで強めに歌い、2行目は強さを抑えてコーラスで聴かせる。こうしたサウンドづくりは高度なテクニックを誇る彼らならではのものだった。

こうして、GS初期の代表作となる『ブルー・シャトウ』は公称150万枚のヒットを記録。昭和42年の日本レコード大賞を獲得した。

だが、この大成功が思わぬ副作用をもたらす。GS成功のモデルケースとして、後発グループが『ブルー・シャトウ』のサウンドを真似し始めたのだ。

また、ブルー・コメッツ自身もこの曲の成功に縛られ、歌謡曲路線に引きずられてゆく。自分たちがやりたい音楽は何なのか、人気の下降とともにスタッフとの対立も表面化。結局、主力メンバーの脱退によりブルー・コメッツは表舞台から姿を消すことになった。

脱退後の井上忠夫（その後改名して、井上大輔）は、『学園天国』（フィンガー5）、『ランナウェイ』（シャネルズ）、『2億4千万の瞳　エキゾチック・ジャパン』（郷ひろみ）など数多くのヒット曲を手がけて活躍。だが、平成12年、58歳で不慮の死を遂げる。

その2年後、井上の死を悼んだ仲間たちが集まりブルー・コメッツを再結成。ファンのために懐かしいサウンドを蘇らせたのがせめてもの救いとなった。

小指の想い出（昭和42年）

作詞：有馬三恵子　作曲：鈴木淳　歌：伊東ゆかり

あなたが噛《か》んだ　小指が痛い
きのうの夜《よる》の　小指が痛い
そっとくちびる　押《お》しあてて
あなたのことを　しのんでみるの
私をどうぞ　ひとりにしてね
きのうの夜《よる》の　小指が痛い

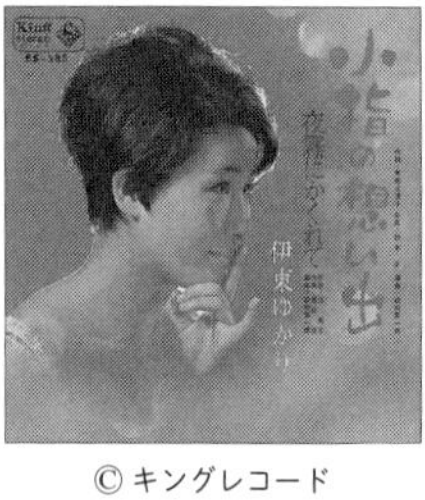

© キングレコード

中尾ミエ、園まり、伊東ゆかりの3人に、渡辺プロが期待を込めて名付けた「スパーク三人娘」。最初に中尾ミエが『可愛いベイビー』（昭和37年）で抜け出し、少し遅れて園まりが『逢いたくて逢いたくて』（昭和41年）でスマッシュヒットを放った。

だがこの頃、伊東ゆかりは周囲の期待と正反対のことを考えていた。

「なるべくテレビの画面に映りたくない……」

伊東がデビューして間もない頃、若者たちの間で「ツイスト」が流行していた。男女が向かい合って腕を振りながら腰をひねるダンスに、当時はまだ眉をひそめる風潮があったという。

テレビ番組で伊東がツイストを踊る場面が映ると、次の日に学校では「あの踊りは何ですか⁉」と厳しい注意を受ける。そのため、伊東はなるべく画面の隅っこで映らないように踊っていた。すると今度は、番組のディレクターに「やる気があるのか⁉」と叱られてしまう。

どこへ行っても叱られてばかり。伊東はスパーク三人娘の中でただ一人、不貞腐れていたようだ。

そんな伊東の心中を知ってか知らずか、他の二人に後れを取っている現実にスタッフは焦りを感じていた。今度こそ、伊東のためにヒット確実な歌を用意せねば……。関係者は様々なチャンネルを駆使して伊東がブレイクできる曲探しに奔走していた。

伊東のマネージャーが、独立して間もない新人作曲家鈴木淳のもとを訪ねたのは、ちょうどそんな時だった。

鈴木は、山口県防府市の由緒ある神社の家に生まれた。幼い頃から音楽に目覚め、密かに音楽大学を目指していたが、両親の猛反対により早稲田大学国文科に進学。その後も、音楽に関わる仕事に対する情熱は変わらず、卒業後は日本有数の音楽出版社音楽之友社に入社し、雑誌「音楽芸術」の編集長を任されるまでになった。

ところが、それまでの無理がたたって鈴木は肺結核を発症し、退職して故郷で療養生活に。一旦は山口県で国語教師を務めたものの、音楽への夢を諦めきれずに再び上京。音楽之友社に復帰したあと、ポップスの作曲家を目指して独立……という、かなり波乱の人生を送っていた。

鈴木の家を訪れた際、伊東ゆかりのマネージャーは話の流れで、鈴木の妻が大学ノートに書き溜めた詞を見せてもらった。妻の方も有馬三恵子のペンネームで作詞活動をしているというのだ。ふと、その中の一編の詩に目を留めた。

あなたが噛《か》んだ　小指が痛い

当時は、岩谷時子や安井かずみら、女性作詞家が一世を風靡していた時代。有馬が「小指の想い出」と題して書いた詞も、男性には真似できない感性で女性の心を表現していた。何より、「あなたが噛んだ　小指が痛い」というフレーズのインパクトは抜群。この歌詞を可憐なイメージの伊東が歌えば、大きな話題を呼ぶことは間違いなさそうだった。

伊東のマネージャーが「小指の想い出」に興味を示すと、鈴木はその場でメロディを書き上げたという。

こうして生まれた『小指の想い出』は、関係者の期待以上に大きな反響を呼んで、公称で売上100万枚を超える大ヒットを記録。おかげで先行する中尾と園にようやく肩を並べたと関係者は安堵した。

しかし、当時19歳だった伊東は、『小指の想い出』を歌うことが嫌で嫌で仕方なかったという。行く先々で大胆な歌詞について訊かれることが億劫だった。ツイストを踊っただけで学校から注意を受けたトラウマが、まだ完全には消えていなかったのかもしれない。

年が変わって、翌昭和43年、伊東は『小指の想い出』のイメージを払拭するような新しい歌を求めていた。作詞家安井かずみと作曲家平尾昌晃が組んで、伊東と等身大の女性の心情を歌い上げる名曲が生まれた。

肩《かた》をぬらす　恋のしずく
濡《ぬ》れたままでいいの
このまま歩《ある》きたい

恋のしずく

『恋のしずく』より

安井かずみは、有馬三恵子とは別の意味で女性にしか書けない微妙な女心を歌詞に刻んだ。『小指の想い出』で全国的に知名度を上げていた伊東は、『恋のしずく』でも77万枚のヒットを記録。この2曲でアイドル路線を脱し、歌唱力で聴かせる本格歌手への道を歩み始めたのだった。

今日でお別れ（昭和42年）

作詞：なかにし礼　作曲：宇井あきら　歌：菅原洋一

今日でお別れね　もう逢《あ》えない
涙を見せずに　いたいけれど
信じられないの　そのひとこと
あの甘《あま》い言葉《ことば》を
ささやいたあなたが
突然《とつぜん》さようなら　言えるなんて

© ユニバーサル ミュージック

菅原洋一が歌った『今日でお別れ』は、昭和45年に日本レコード大賞を受賞し、最高の栄誉を手にした。だが、そこに至るまでには、その後の歌謡界を背負う二人の男性を主人公にした紆余曲折の物語があった。

始まりはその5年前。当時、立教大学を卒業した直後のなかにし礼は、自分が進むべき道を決めあぐねていた。学生時代に始めたシャンソンの訳詞はすでに1000曲を超えたが、同時に飽きも感じ始めていた。

以前、旅行先で偶然声をかけられた映画スター石原裕次郎に「俺が歌ってるような流行り歌を書きなよ」と言われたことを思い出し、苦心惨憺の末、書き上げた詞に自作のメロディをつけて石原の事務所へ届けたこともある。しかし、その後は何の音沙汰もなかった。

悶々とした時間を過ごすなかにしのもとに、レコード会社の女性ディレクターから電話が入る。なかにしの訳詞の腕を見込んで、アメリカでヒットしたウエスタン『たそがれのワルツ』に日本語の詞をつけてほしいという依頼だった。

その歌は、歌唱力に定評のある男性歌手がオリジナルのままカバーしたが、全く売れなかったという。その歌手は、次が最後のチャンスだと覚悟を決め、「日本語で歌いたい」とレコード会社に頼み込んだ。それが菅原洋一だった。

依頼を受けたなかにしが、ギターを爪弾きながらメロディを歌っていると、ふと「あなたの過去など」というフレーズが浮かんできた。

そういえば、「過去」という歌詞は聞いたことがない。なかにしは手元にある歌謡大全集を開いたが、やはり「過去」の文字は見つからなかった。

「過去」という言葉には、たった2音で様々な意味や人間の表情、感情まで乗せることができる。なかにしは、この歌のへそを「過去」と定めて詞を書き上げ、『知りたくないの』とタイトルを付けた。

ところが、レコーディング中に菅原が「『過去』の歌詞を変えてほしい」と言い出した。歌い手からすると「過去」という音声はメロディに乗せにくく、歌いにくいものらしい。これまで歌詞に使われなかったのには理由があったのだ。

だが、なかにしは歌の起点である「過去」を頑として直そうとしなかった。そのため、菅原は歌い方を工夫しながら「過去」をメロディにはめて、レコーディングは終了。結局、この『知りたくないの』はB面に入り、A面には他社と競作になった『恋心』を入れてレコードは発売された。

その後しばらくの間、菅原のレコードの売上に目立った変化はなかった。歌手を辞めて田舎に引っ込もうかと諦めかけた頃、菅原のレコードが徐々に売れ始めた。しかも、B面の『知りたくないの』を指定しての注文が増えているという。この歌は、当時の人気スポットだったナイトクラブで、男女がチークを踊るのに最高の歌だと評判を呼び、口コミで噂が広がっていたのだった。

こうした動きと並行して、『今日でお別れ』も産声を上げる。

シャンソン歌手で作曲も手がける宇井あきらが、自作を集めたコンサートを開くことになり、旧知のなかにしにも詞の提供を依頼してきた。

手元に届いたメロディを聴いて、なかにしは「ずいぶん暗いな」と思ったが、いっそのこともっと暗い詞をつけたら面白いだろうなどと考えているうちに、すんなりと詞が書き上がった。

今日でお別れね　もう逢《あ》えない
涙を見せずに　いたいけれど

昭和41年、宇井のコンサートで『今日でお別れ』を歌ったのは、新人シャンソン歌手だった加藤登紀子。その翌年、『知りたくないの』が上昇気流に乗り始めていた菅原洋一が、『今日でお別れ』を気に入り、レコード化が決まる。

当初の売れ行きは芳しくなかったものの、可能性を感じていた菅原と関係者はアレンジを替えて昭和44年に再収録・再発売を敢行。すると、『知りたくないの』のロングセラーがあと押ししたのか、『今日でお別れ』も徐々にヒットチャートを上昇し、60万枚を超える売上を記録した。さらに昭和45年のレコード大賞を受賞する栄誉に輝いたのである。

2曲続けての大ヒットにより、菅原は歌手を辞めることなく、その美声を磨きながら歌手としての評価を高めていった。

そして、こうした一連の経験から、なかにし礼は訳詞でなく、自らの思いを最初から世に問うことができる「作詞」の魅力に気づいた。さらに、自分の生み出した歌がヒットすることで世の中が動く事実を目の当たりにし、脳天を貫かれた思いがした。

その後、なかにし礼は人生を賭けて歌づくりに取り組んでいくことになる。

世界の国からこんにちは（昭和42年）

作詞：島田陽子　作曲：中村八大　歌：三波春夫

こんにちは　こんにちは　西のくにから
こんにちは　こんにちは　東のくにから
こんにちは　こんにちは　世界のひとが
こんにちは　こんにちは　さくらの国で
１９７０年の　こんにちは
こんにちは　こんにちは　握手《あくしゅ》をしよう

昭和45年に大阪吹田市の千里丘陵で行われた日本万国博覧会のテーマソング『世界の

国からこんにちは』。8つのレコード会社による競作で発売されたが、国民的人気を博した歌手三波春夫の売上が断トツで、その後もほぼ三波の持ち歌として認識されていたイメージがある。

同様のことは、昭和39年の東京オリンピックのテーマソング『東京五輪音頭』でも起きていた。この時も6社を超える競作となり、三波の競争相手には歌謡界のトップ歌手三橋美智也や、『上を向いて歩こう』で世界的ヒットを飛ばした坂本九ら、錚々たるメンバーが揃っていた。しかし、三波が吹き込んだレコードの売上には誰も敵わなかったのである。

なぜ、三波は国家的イベントのテーマソングを制することができたのか、そのヒントは、極寒のシベリアでの想像を絶する体験にあった。

三波春夫、本名北詰文司《きたづめぶんじ》は16歳の時に「南條文若《なんじょうふみわか》」の芸名で浪曲の初舞台を踏み、17歳で一座を任されるほどの浪曲師だった。しかし、20歳の時に陸軍に入隊し旧満州に配属。その後、昭和20年8月にソ連軍が攻め込んでくると軍は敗走を重ねた。ソ連軍が次々に送り込んだ最新の機械化部隊に比べて、旧式の小銃一丁で戦う自軍の何と貧しく見えたことか。三波は俘虜となり、シベリアの収容所に強制送還された。

幸い、三波には浪曲があった。俘虜となった同志たちを慰めるため、毎晩のように浪花節を聴かせた。「あなたの浪曲を聴いている時だけ、日本に帰っている気がする」と涙する仲間を見て、三波も空腹を堪えて懸命に歌った。

4年間に及ぶ過酷なシベリア抑留に耐えたあと、帰国した三波は、浪曲界に戻って巡業生活を再開。浪曲を存分に歌える歓びを噛み締めた。

ところが、高度成長時代を迎えた頃から、客席の反応が薄くなっていることに三波は気づいた。家電や自動車の普及により生活のテンポが速くなったせいか、一つの演目が長い浪曲をジッと聴いてもらうことが難しくなっていた。

三波は大いに悩んだ末、大衆に喜んでもらうために浪曲にこだわる必要はないと悟り、歌謡曲の世界に飛び込む決断を下したのである。

知らぬ同士《どうし》が

小皿叩《こざらたた》いて　チャンチキおけさ

『チャンチキおけさ』より

南篠文若改め、三波春夫は、昭和32年のデビュー曲『チャンチキおけさ』が大ヒットし、歌手生活を華々しくスタートさせた。

時は過ぎ、東京オリンピックの開催が決定すると、テーマソング『東京五輪音頭』の競作に、テイチクレコードでは三波春夫を立てることになった。

敗戦から20年足らずで「日本はこんなにがんばって復興しました」と世界に示す晴れ舞台だ。この時、三波の脳裏に浮かんだのは、あの極寒のシベリア抑留生活を共に耐えた戦友たちの顔だった。亡くなった同志には復興した日本を見せてやりたかった。

三波はシベリアで命を落とした戦友たちの魂を背負い、彼らに力いっぱい歌うことを誓った。そして、いつものように満面の笑みを湛えてレコーディングに臨んだのである。

オリンピックの　顔と顔
ソレトトントトトトントン　顔と顔

『東京五輪音頭』より

さらに時は過ぎ、今度は大阪で万博の開催が決定。テーマソングの詞が公募され、大阪在住の詩人島田陽子の作品が採用された。

タイトルは『世界の国からこんにちは』。

島田は、誰もが知っていて、世界中の人と仲良くなれる言葉はないかと探し続け、「こんにちは」を思いついたという。

三波が手がけた『世界の国からこんにちは』では、歌の肝である「こんにちは」を子供のコーラスとの掛け合いで歌っている。そこには、未来を生きる子供たちとともに歌いたいというメッセージが込められていた。

過去の敗戦から現在の復興、そして未来の平和を願う思いが、三波春夫という語り部を介して一つにつながったのである。

「『東京五輪音頭』と『世界の国からこんにちは』は、私にとって生涯の宝物です」

そう語る三波だが、実は2曲とも、肝心のイベント本番で数万人の観衆を前に歌ったことがないというから不思議だ。

東京五輪の時は、開会式前日に虫垂炎が見つかり緊急手術。歌う予定だった前夜祭のテレビ中継を病院のベッドで見る羽目になった。また、大阪万博では、以前から決まっていた新歌舞伎座の舞台と万博の初日が重なるという不運に見舞われた。

しかし、イベント終了後も三波は、生涯を通じてこの2曲を公演で欠かさず歌った。「お客様は神様です」との言葉通り、ファンの期待に応えるために。

恋の季節（昭和43年）

作詞：岩谷時子　作曲：いずみたく　歌：ピンキーとキラーズ

忘《わす》れられないの　あの人が好《す》きよ
青いシャツ着《き》てさ　海を見てたわ
私ははだしで　小さな貝《かい》の舟《ふね》
浮《う》かべて泣《な》いたの　わけもないのに
恋は　私の恋は
空を染《そ》めて　燃《も》えたよ
死ぬまで私を　ひとりにしないと
あの人が云《い》つた　恋の季節《きせつ》よ

© キングレコード

昭和43年にデビューしたコーラスグループ「ピンキーとキラーズ」の登場は、世の中に大きなインパクトを残した。一度見たら忘れられない個性的なビジュアル。ダービーハット（山高帽）に髭を生やした男4人に囲まれ、パンタロンスーツでパワフルな歌声を聴かせるピンキー（今陽子）の姿は、日本中の老若男女の心をつかんだ。

このピンキーとキラーズをプロデュースしたのが、作曲家いずみたく。もともと演劇を中心に活動していたいずみは、20代前半で音楽に転向。CMソングの大家だった三木鶏郎に認められ、三木が運営する「冗談工房」でのちに作家となる野坂昭如と組み、「ハトヤ」などCMソングで名を上げた。

その後、永六輔らとともに日本語ミュージカルの普及に力を注ぎ、劇中で歌われた『見上げてごらん夜の星を』が坂本九の歌でシングルカットされて大ヒット。いずみは、歌謡曲の世界でも注目される存在になっていた。

そんないずみのもとには、全国から歌手を目指す若者たちが弟子入り志願に現れた。

その中には、デビュー前のいしだあゆみや佐良直美もいた。そして、まだ14歳だった今《いま》津陽子《づようこ》も、愛知県から上京していずみの門を叩いた。

「先生！　あたしを歌手にしてください！」

当時の歌手は、作曲家の内弟子になってレッスンや雑用（修業ともいう）を重ねながら、デビューのチャンスを待つのが一般的だった。

「20歳になるまで厳しい勉強をする覚悟があるなら」という条件付きで、陽子は居候を許された。ひときわ体が大きかったが中身はまだまだ子供。作詞家岩谷時子は、陽子を「デカベビーちゃん」と呼んで可愛がったという。

度重なるホームシックを乗り越えた陽子は、居候開始から1年半後、テレビドラマに出演し、その主題歌『甘ったれたいの』で歌手デビューするチャンスに恵まれた。芸名は「今陽子」。しかし、デビュー曲は全く売れなかった。レッスン仲間の佐良直美が『世界は二人のために』でミリオンヒットを飛ばしたのとは対照的で、陽子は悔し涙を流したという。

その頃、いずみは本格的なコーラスグループの結成を計画していた。男女混成で明るく楽しく、世代を超えて愛され、大人の鑑賞にも耐え得る実力のあるコーラスグループ。いずみはそのボーカルに、愛くるしさとパワフルな歌声を併せ持つ陽子を起用することにした。

「ソロがいい。コーラスはいやです」と泣く陽子を、いずみは時間をかけて説得。ようやく納得した陽子に、新たな芸名「ピンキー」が与えられた。

ピンキーとキラーズの代名詞「ダービーハットとパンタロンスーツ」は、奇をてらっているようでいて、ヨーロッパに起源のある正統派ファッションである。当時、若者たちの間で流行していた長髪&ヒッピースタイルへのアンチテーゼとして、幅広い年代に愛されるよう、いずみが採用したものだった。

そのスタイルが関係者の目に止まり、日本テレビ系の番組にレギュラー出演が決定。番組の中でアシスタントの倍賞美津子が歌う「今月の歌」に、ピンキーとキラーズがバックコーラスを付けることになった。岩谷時子の作詞、いずみたくの作曲でタイトルは『恋の五月』。

　ところが、様々な幸運が重なり、その歌はピンキーとキラーズのデビュー曲へと変更。発売がその年の7月に決まったため、タイトルも『恋の季節』と改められたのである。

『恋の季節』にまつわるもう一つのエピソード。2コーラス目の最後に、印象に残るフレーズがある。

夜明《よあ》けのコーヒー　ふたりで飲《の》もうと
あの人が云《い》つた　恋の季節《きせつ》よ

　これは、作詞の岩谷時子が、日本のシャンソンの女王越路吹雪が海外旅行で体験した話をヒントに書いたフレーズだ。越路は岩谷にこう語ったという。

「『夜明けのコーヒーを二人で飲もう』と言われて翌朝部屋を訪ねたら、それは一夜を共にしようって口説き文句だったのよ。全然気づかなくてさ……」

岩谷は作詞家の他に、越路吹雪のマネージャーというもう一つの顔を持っており、越路のことは恋愛話を含めて何でも相談に乗っていた。

「時子さんは恋泥棒だ。私の恋を見ては歌を作る」

こうして世に出た『恋の季節』は、200万枚を超える大ヒットを記録。あの日、「あたしを歌手にしてください！」と頭を下げた少女は、わずか3年後、17歳で日本中にその名を知られるスターに成長した。全盛期のテレビと歌謡界が連動して、「ジャパニーズドリーム」が実現する時代だった。

ブルー・ライト・ヨコハマ（昭和43年）

作詞：橋本淳　作曲：筒美京平　歌：いしだあゆみ

街《まち》の灯《あか》りが　とてもきれいね
ヨコハマ　ブルー・ライト・ヨコハマ
あなたとふたり　幸せよ
いつものように　愛の言葉《ことば》を
ヨコハマ　ブルー・ライト・ヨコハマ
私にください　あなたから

歩いても歩いても　小舟《こぶね》のように
私はゆれて　ゆれて　あなたの腕《うで》の中

提供：日本コロムビア

足音だけが　ついて来るのよ
ヨコハマ　ブルー・ライト・ヨコハマ
やさしいくちづけ　もう一度《いちど》

昭和40年代の歌謡界は、グループ・サウンズの時代を経て、フリーの作詞家・作曲家たちがヒット曲づくりの主役を担うようになり、歌謡曲（流行歌）とポップスの垣根が取り払われる方向に進んだ。

その流れを体現した作曲家が筒美京平である。

半世紀を超える作曲家生活において、シングルの総売上枚数は7560万枚以上。あの小室哲哉やつんくらを抑えて、歴代作曲家でトップの数字を誇っている。ただし、筒美自身はあまり表舞台に出ようとせず、裏方の職人としてひたすら、求められるヒット曲づくりに精魂を傾け続けた。

筒美京平（本名：渡辺栄吉）は昭和15年、東京都生まれ。父親は実業家で、少年の頃に買ってもらったアップライトピアノに夢中になり、朝から晩まで弾いていたという。

小学校から青山学院に通い、その後ジャズやアメリカン・ポップスの洗礼を受けると、大学の軽音楽部ではジャズバンドのリーダーに。その軽音楽部の1学年先輩に、のちに作詞家となる橋本淳がいた。

筒美は大学卒業後、レコード会社に就職して洋楽レーベルを担当。そのかたわら、橋本の師匠筋に当たるすぎやまこういち（フジテレビ「ザ・ヒットパレード」の演出家）に師事して作・編曲を学んだ。

昭和41年に、橋本と組んだ『黄色いレモン』（藤浩一〈のちの子門真人〉、望月浩の競作）で作曲家デビュー。翌年にはレコード会社を退職し、筒美はフリーの作曲家として活動を開始する。

ある日、筒美と橋本は、レコード会社から「いしだあゆみの曲を明日までに作ってくれ」と突然依頼された。歌の舞台は横浜。幸い橋本は横浜に土地勘があり、急いで横浜に向かう。東京に残った筒美は、橋本からの電話を待つことにした。

だが、横浜に着いた橋本は頭を抱えた。錆びた貨物船のドックが広がる光景はどこか物悲しい。港の見える丘公園から夜景を見ても、遠くに川崎の工業地帯の明かりが見えるくらいで、心打たれる景色とは程遠かった。これじゃあ歌にならない……。

ふと、前年にフランスのカンヌを訪れた時のことを思い出した。港町カンヌは滑走路が海に突き出していて、飛行機から眺めたカンヌの夜景は素晴らしかった。その時の感動を、同じ港町ヨコハマに置き換えてみようか……。

当時、橋本は「青」にこだわっていた。ジャッキー吉川とブルー・コメッツのヒット曲『ブルー・シャトウ』も橋本の作品だ。

橋本は「青」のイメージを膨らませて詞を綴ると、ホテルのロビーにある赤電話から筒美に口伝てで詞を送った。

街《まち》の灯《あか》りが　とてもきれいね
ヨコハマ　ブルー・ライト・ヨコハマ

ここからが筒美の腕の見せ所だ。メロディラインは詞を何度かなぞるうちに造作なく浮かんでくる。問題はアレンジだ。ヒットするかどうかはイントロで決まる。ホーンセクションとギターをどう組み合わせれば「青」のイメージが出せるだろう……。

筒美は徹夜でアレンジを仕上げ、ポップでありながらどこか退廃的なそれまでにないサウンドを完成させた。それが『ブルー・ライト・ヨコハマ』だった。

当時のいしだあゆみは、デビューして4年目の20歳。それを機にレコード会社を移籍して巻き返しを図ろうとしていた。そして、26枚目のシングル『ブルー・ライト・ヨコハマ』が、初のヒットチャート1位、初のミリオンセラー、紅白初出場まで叶えてくれたのである。

また、作曲家筒美京平にとっても、自らの作曲手法に対する自信を深めた記念すべき仕事となった。その後も筒美は、ポップスの要素を巧みに取り入れながら、新しい時代の歌謡曲を次々と生み出していくことになる。

さらに、この曲のヒットが港ヨコハマのイメージを大きく変えた。以来、横浜のシンボルカラーに「青」が多く使われるようになり、『ブルー・ライト・ヨコハマ』は発売から50年以上経つ今も、街のテーマソングとして広く愛されている。

人形の家（昭和44年）

作詞：なかにし礼　作曲：川口真　歌：弘田三枝子

顔もみたくない程《ほど》
あなたに嫌《きら》われるなんて
とても信じられない
愛が消えたいまも
ほこりにまみれた人形みたい
愛されて　捨《す》てられて
忘れられた　部屋のかたすみ
私はあなたに　命《いのち》をあずけた

提供：日本コロムビア

昭和歌謡に一時代を築いた作詞家なかにし礼。一般的には、おしゃれでロマンティックな世界を描くイメージがあるかもしれないが、その詞の奥底には人間の本質に鋭く迫る、深いメッセージが込められている。

昭和40年、シャンソンの訳詞から本格的に作詞家への転向を考えていたなかにしは、かつて旅先で声をかけられた石原裕次郎の、「いい歌を書いたら見てやるよ」という言葉だけを頼りに、仕上がった歌を石原の事務所へ持っていった。しかし、何も連絡がないまま1年近く時間だけが過ぎていた。

すると、お蔵入りになりかけていたその歌を、レコード会社のディレクターが発見し、昭和40年、石原プロの新人裕圭子《ひろけいこ》&ロス・インディオスの歌で『涙と雨にぬれて』としてレコード発売。さらに、和田弘とマヒナスターズ&田代美代子がカバーし、ヒットを記録したのだった。

涙と雨にぬれて　泣いて別れた二人
肩をふるわせ君は　雨の夜道に消えた

『涙と雨にぬれて』より

周囲からはそれなりに評価を受けた処女作『涙と雨にぬれて』だったが、なかにしはその出来が大いに不満だった。なかにしは青春時代からの様々な経験を総動員して歌を書いたつもりだった。しかし、それだけでは全く足りない。やはり、全人生をぶつけて書かないと、大衆の心を揺さぶるようなヒット曲は生まれないのか……。

実はなかにしには、それまで封印していた少年時代の記憶があった。そこには、ふるさと旧満州から命からがら脱出してきた悲惨な体験が眠っていた。

なかにし礼（本名：中西禮三）は昭和13年、旧ソ連との国境に近い牡丹江《ぼたんこう》で生まれた。父親は造り酒屋を営み、裕福な家庭で育ったという。その生活が暗転したのは、終戦の直前に旧ソ連軍が侵攻してきたためだ。そこからハルビンの収容所にたどり着くまでの間に、まだ7歳の少年はどれだけ多くの人間が理不尽に命を失う場面を見ただろう。まだ見ぬ祖国日本にたどり着くまでの1年2カ月間、その凄惨な記憶をなかにしは心の奥深くに封印した。

しかし、20代の後半を迎えて作詞に挑もうとした時、少年時代の戦争体験を封印したままでは「歌謡曲」という怪物に太刀打ちできないことを悟った。なかにしは、封印した思いを初めて歌詞にぶつけたのである。

愛されたくて　(愛されたくて)
愛したんじゃない　(愛したんじゃない)
もえる想いを
あなたにぶっつけた　だけなの

『恋のハレルヤ』より

黛ジュンのデビュー曲『恋のハレルヤ』(昭和42年)。なかにしは、どうすれば戦争体験を換骨奪胎《かんこつだったい》して恋愛の歌に落とし込めるか、必死に模索した。

「愛されたくて　愛したんじゃない　もえる想いをあなたにぶっつけた……」

戦前の日本が「理想の地」と喧伝した旧満州。この詞は、新天地に渡った人々の情熱とその結末を、男女の恋愛になぞらえて表現したものだ。

『恋のハレルヤ』は期待以上のヒットを記録。自分が編み出した手法に自信を深めたなかにしは、同じアプローチで別の作品に取りかかる。

それが、弘田三枝子が昭和44年に歌った『人形の家』だった。

ほこりにまみれた人形みたい
愛されて　捨《す》てられて
忘れられた　部屋のかたすみ

なかにしには戦争中に国に捨てられたという思いがある。関東軍（日本軍）は、旧ソ連軍の侵攻を察知しながら、民間人には何も報せぬままいち早く逃げ出していた。終戦時に旧満州には150万人を超える日本人が暮らしていたとされている。軍の無責任な敗走のため、民間人の引き揚げは困難を極めた。

なかにしは、大陸に残された自らをほこりだらけの人形に例えて、「愛されて　捨てられて　忘れられた……」と表現したのである。

一度、なかにしの作品を読み返してほしい。『愛のさざなみ』(島倉千代子)、『あなたならどうする』(いしだあゆみ) などに「死」という言葉が意識的に置かれている。

ただ机の上で思いついた詞とは、孤独や悲しみの深さが違う。あの戦争体験こそ、時代と対峙する作詞家の大きな武器となったのである。

夜明けのスキャット（昭和44年）

作詞：山上路夫　作曲：いずみたく　歌：由紀さおり

ルルルルル　ルルルルル……………
ラララララ　ラララララ……………
パパパパパパパ　パパパパパパパパ……………
アアアアア　アアアアア……………
ルルルルル　ルルルルル……………

深夜のラジオから流れてくるエレキギターのイントロ。そして、透き通るような美しいスキャット……。

© ユニバーサル ミュージック

昭和44年、TBSラジオ「夜のバラード」から流れてきたオープニング曲に、多くのリスナーは一瞬で心奪われた。まだタイトルも付いていないこの曲は、作曲家いずみたくの作品だった。

スタジオ録音の際、「このメロディに好きなように言葉をつけて歌ってみて」と、いずみに言われ、即興的なスキャットで歌ったのが、CMソングを中心に活動していた安田章子、のちの由紀さおりである。当時20歳。

安田章子は、姉祥子とともに幼い頃から童謡歌手として活躍。素直でクセのない歌声と、その場で譜面が読めてすぐに歌える初見能力を買われ、10代後半からはCM歌手として業界では知られた存在だった。

ある日、安田がテレビを見ていると、ブラウン管から流れるCMソングの10本中8本くらいが自分の声だった、ということもあったらしい。

その澄んだ歌声が気に入り、いずみは安田を指名して50曲を超えるCMソングに起用していた。CMの録音現場では、即興でスキャットをつけて歌うのはよくあることで、いずみは安田のスキャットに惚れ込んでいた。

その流れでラジオ番組のオープニング曲の録音現場でも、いずみは「好きなように言葉を……」と頼んだのだった。

そう言われた安田は短い時間でイメージを膨らませた。最初の音は、深夜のイメージで低音のマイナーで始まるから「ルー」が合いそうだ……などなど。

こうして完成したオープニング曲が深夜のラジオで流れると、毎日段ボール箱3つほどの問い合わせハガキが局に送られるほど、大きな反響があった。

「これはイケる！　ぜひレコードにしよう！」

いずみはすぐさま動いたが、「ルルルルル……」と歌うばかりで歌詞のない曲をレコード化する会社はなかなか見つからない。結局、スキャットのあとに新たな歌詞をつけることが決まり、作詞は山上路夫に依頼された。

だが、山上は頭を抱えた。幻想的な夜のイメージを、安田のスキャットは完璧に表現している。これ以上何も言うことなんてないじゃないか……。

それでも詞をひねり出してみたが、いずみから何度も突き返される。締切の最終日、山上が徹夜で原稿用紙に向かっていると、夜が白み始めた。朦朧とした意識の中で、山上の脳裏に天蓋付きのベッドの上で静かに愛し合う男女の姿が浮かんできた。

愛しあう　そのときに
この世《よ》は　とまるの
ときのない　世界《せかい》に
ふたりは　行《ゆ》くのよ
夜《よる》は流《なが》れず　星も消《き》えない
愛の唄《うた》　ひびくだけ

一気呵成に詞を書き上げると、いずみからもOKが出て、レコーディングも無事終了。タイトルは『夜明けのスキャット』と決まった。
しかし、この曲が世に出るには、もう一つの〝試練〟があった。

実は、レコーディングの話が出る前に、安田は結婚の約束をしており、歌手を辞めるつもりだったのである。新人女性歌手が結婚しているとわかれば、人気や売上にも影響が出るに違いない、それが当時の歌謡界の常識だった。

だが、そんなことを理由にレコーディングをためらう安田を見て、いずみは怒り出した。

「歌手には結婚している、していないは全く関係ない。いい歌、うまい歌が必要なんだ！」

その言葉に覚悟を決めた安田は、いずみから「由紀さおり」という新たな芸名をもらい、『夜明けのスキャット』のレコーディングに臨んだのである。

奇しくもレコードの発売日は、由紀の結婚式当日だった。

昭和44年は社会が大きく揺れた一年だった。

安保改定反対で盛り上がった学生運動は、1月の東大安田講堂陥落を境に収束に向かい始める。7月にはアメリカの「アポロ11号」が月面着陸に成功し、宇宙開発時代が幕を開けた。

そんな大きな転換の年に流れてきた『夜明けのスキャット』は、文字通り新時代の〝夜明け〟の象徴として、人々の心を捉えたのだった。

長崎は今日も雨だった（昭和44年）

作詞：永田貴子　作曲：彩木雅夫　歌：内山田洋とクール・ファイブ

あなたひとりに　かけた恋
愛の言葉を　信じたの
さがし　さがし求めて
ひとり　ひとりさまよえば
行《ゆ》けど切ない　石だたみ
ああ　長崎は　今日も雨だった

歌謡曲の中に「ご当地ソング」と呼ばれる一群がある。地方都市の名所・旧跡や自然の風景を織り込みながら、恋愛模様に落とし込んだり、旅情を歌い上げたりする作品。その歌がヒットすれば全国的に知名度が上がり観光客の増加につながるため、地元からの期待も大きい。

ただ、筆者が個人的に大切だと考えるご当地ソングのポイントは、地元在住の作詞・作曲家が関わっていること。在京の作家が依頼されてその地を訪れ、観光地を巡って仕上げた作品もあるが、ふるさとを全国の人に知ってほしいという郷土愛が根底にあってこそ、ご当地ソングは輝くのではないだろうか。

そんなご当地ソングの舞台として有名なのが長崎だ。

昭和40年代、長崎の夜の街では2つのグランド・キャバレー「銀馬車」と「十二番館」がしのぎを削っていた。

先に攻勢を仕掛けたのは十二番館だ。専属バンドの高橋勝とコロラティーノが、ボーカル中井昭のファルセットを生かした持ち歌『思案橋ブルース』で人気を集め、昭和43年にメジャー・デビューを果たした。

ふたつの心は
かえらないかえらない　無情《むじょう》の雨よ
ああ　長崎　思案橋《しあんばし》ブルース

『思案橋ブルース』より

先手を打たれた銀馬車は、専属バンドの内山田洋とクール・ファイブに、佐世保のキャバレーからスカウトしたボーカル前川清を迎えて、反撃に転じようとした。当時のクール・ファイブは、ジャズやロック、ラテンまで幅広いレパートリーを演奏できるバンドだった。

その頃、たまたま歌番組の収録で長崎に来ていたラテン・バンド「東京パンチョス」のリーダー、チャーリー石黒は、銀馬車でクール・ファイブの演奏を聴いて感銘を受け、自身が所属する渡辺プロダクションに紹介。クール・ファイブのレコード・デビューが決まる。

ところが、デビュー・シングルに内定していた曲が、権利問題でご破算に。慌てた銀馬車の営業次長吉田孝穂は、永田貴子《ながたたかし》というペンネームを使って急遽一編の詞を書き上げ、作曲家を探した。この時、知人に紹介された作曲家が北海道在住の彩木雅夫だった。

彩木は、北海道放送のラジオ・ディレクターを務めながら作曲も手がけており、森進一の『花と蝶』をヒットさせた実績の持ち主。だが、彩木はご当地ソングを好まなかったことと、長崎のキャバレー戦争に巻き込まれる煩わしさから一旦は依頼を断った。だが、九州と北海道という遠距離を厭わず、何度も頼み込んでくる永田の熱意に負けて、作曲を承諾したのだった。

その時、永田から渡された詞には『長崎の夜』というタイトルが付いていた。いま一つインパクトに欠けていると感じながら、メロディラインに合わせて足りない言葉を書き加えているうちに、最初の詞にはなかった「雨」が顔を出した。

ああ　長崎は今日も雨だった

そういえば、『長崎の雨』『雨のオランダ坂』など、長崎には雨の歌が多い。石畳や坂道のある街に雨がよく似合うのかもしれない。

最終的に彩木の書き足したサビのフレーズが、そのまま曲のタイトルになった。


いよいよレコーディングの日。クール・ファイブは、前日の夕方に長崎を出る寝台特急「さくら」号に乗り、およそ19時間揺られて上京。寝不足でコンディションが悪い中、前川は無我夢中で歌った。こうして『長崎は今日も雨だった』が発売され、銀馬車と十二番館の争いは一気に佳境に入ったという。

音楽的には3連符が続く「ロッカ・バラード」で、それまでのムードコーラスがハワイアンやラテン音楽をベースにしていたのに比べ、ロックのテイストが強い。前川のパワフルなボーカルと、それをもり立てる「ドゥーワップ」のコーラスにより、歌謡曲の新たな境地が開いた。

それにしても、昭和44年前後の数年間、長崎を舞台にしたご当地ソングの何と粒ぞろいだったことか。ヒットした曲だけでも『思案橋ブルース』に始まり『長崎ブルース』(青江三奈、昭和43年)、『長崎は今日も雨だった』、『長崎の夜はむらさき』(瀬川映子、昭和45年)と次々に挙がる。

同じように異国情緒漂う港町に神戸があるが、長崎ほどご当地ソングには恵まれていないのが不思議だ。思いつく違いといえば、かつて寝台特急で東京まで19時間かかったほどの「遠さ」だろうか。

いつか行ってみたいなという旅情をかき立てるには、やはり簡単には移動できないある程度の距離が必要なのかもしれない。

黒ネコのタンゴ（昭和44年）

作詞・作曲：PAGANO FRANCESCO　日本語詞：みおた・みずほ　歌：皆川おさむ

ラララララララ　ララ

キミはかわいい　僕の黒ネコ
赤いリボンが　よく似合うよ
だけどときどき　爪を出して
僕の心をなやませる

黒ネコのタンゴ　タンゴ　タンゴ
僕の恋人は黒いネコ
黒ネコのタンゴ　タンゴ　タンゴ

ネコの目のように気まぐれよ
ラララララ　ララ（ニャーオ）

歌謡界では数年に一度、異色の大ヒット曲が生まれる時がある。子供向けに作ったはずの歌が広い世代に受け入れられ、男女の色恋沙汰を歌う歌謡曲と同じヒットチャートに並んだりする。昭和44年にヒットした『黒ネコのタンゴ』もそんな歌の一つだ。

1969年（昭和44年）、イタリアで開かれた童謡音楽祭「ゼッキーノ・ドーロ」で3位に入賞した『黒いネコがほしかった』という歌があった。ある日本の音楽出版社がその権利を現地で買い、レコード化しようと日本に持ち帰ったところから話は始まる。

音楽出版社の社長は、当時テレビ界、映画界で活躍し、多数の童謡歌手を輩出していた「ひばり児童合唱団」の代表皆川和子に相談を持ちかけた。ちなみに、現在も童謡コンサートを開いている声楽家安田祥子と歌手由紀さおり姉妹も、ひばり児童合唱団の出身である。

相談を受けた皆川は、曲を聴いて真っ先に小学1年生だった甥のおさむの顔を思い浮かべた。おさむは3歳の頃からひばり児童合唱団に所属し、いつも元気いっぱいに歌を歌っていた少年だった。

そんな折、ひばり児童合唱団のテレビ出演に同行した音楽出版社の社長が、少しやんちゃで物怖じしない性格のおさむを見て、「あの子がいいね」と皆川に耳打ちした。身内びいきを恐れておさむを推薦していなかった皆川も、その言葉に背中を押され、おさむに『黒いネコがほしかった』の日本語版を歌わせることを決めたのである。

日本語の詞を書いたみおた・みずほは、放送作家出身で、コピーライター、作詞、小説を手がけており、昭和42年には青島幸男主演で放送された「意地悪ばあさん」の主題歌を作詞している。

イジワルは楽しいよ

イジワルは楽しいよ
あー　この世で一番楽しいものは
なんてったって　イジワルですよ

『意地悪ばあさん』より

ところで、原曲の『黒いネコがほしかった』は、「飼っていたワニを友達にあげた少年が、交換として黒ネコが欲しいと言ったのに渡されたのは白ネコだった」という内容だった。一方、みおたは〝黒いネコ〟という共通のモチーフを使って、気まぐれな黒ネコに振り回される男の子の心情を、少し恋心を滲ませながら歌い上げた。こうして『黒ネコのタンゴ』が生まれた。

だけどときどき　爪を出して
僕の心をなやませる

そのレコーディングでは、何度もくり返し歌わされ、疲れ切ってしまったおさむ少年。最後のテイクで声が裏返ってしまったが、かえって子供らしくていいと、失敗だったはずのそのテイクがレコード化されたそうだ。

「大人のための子供の歌」とサブタイトルが付いて発売された『黒ネコのタンゴ』は、ラジオの深夜放送で流れたことでブレイク。皆川おさむの物怖じしない溌剌とした歌声は全国に流れ、220万枚を超える大ヒットとなった。

その後もひばり児童合唱団に所属しながら、子役として活躍した皆川おさむは、小学6年生の頃に変声期を迎えたことをきっかけに芸能界から引退。造形デザイナーなどを経て、現在は伯母の後を継ぎ、ひばり児童合唱団の代表を務めている。

子供向けソングがヒットチャートを席巻した例は、その後も『老人と子供のポルカ』(昭和45年、左卜全とひまわりキティーズ)や、『およげ!たいやきくん』(昭和50年、子門真人)、と数年に一度のペースで続いた。平成に入ってからは、『だんご3兄弟』(平成11年、速水けんたろう・茂森あゆみ)、『マル・マル・モリ・モリ!』(平成23年、薫と友樹、たまにムック。＝芦田愛菜・鈴木福）などが登場して、伝統をつないでいる。

ヒット曲はなかなか狙って作れるものではないが、子供向けソングのヒットこそ、幸運が幾重にも重ならないと生まれない。そんな究極の幸運に今度はいつ出会えるだろうか。

圭子の夢は夜ひらく（昭和45年）

作詞：石坂まさを　作曲：曽根幸明　歌：藤圭子

赤く咲《さ》くのは　けしの花
白く咲《さ》くのは　百合《ゆり》の花
どう咲《さ》きゃいいのさ　この私
夢は夜《よる》ひらく

平成28年、国会議員有志が超党派で「演歌・歌謡曲を応援する国会議員の会」を発足させ、話題を呼んだ。記者会見に同席した歌手は「日本の良い伝統が忘れ去られようとしている」と危機感を表明したという。

だが、この〝演歌が日本の伝統である〟という解釈に異を唱える声もある。

実は、日本の歌謡曲に「演歌」というジャンルが認識されたのは、昭和40年代に入ってからのこと。昭和30年代には、望郷歌謡（春日八郎、三橋美智也ら）や浪曲調歌謡（三波春夫、村田英雄ら）といった大まかなくくりはあっても、都会派歌謡やムード歌謡などと同じ歌謡曲（流行歌）として認識されていたはずである。

その流れが変わったのは、この本でも再三取り上げている昭和30年代以降に外国曲の訳詞から始まった「和製ポップス」が台頭したためだろう。専属制度によってガチガチに縛られた従来のレコード会社は旧来型のビジネスに固執し、フリーの作家や歌い手の取り込みに遅れた。苦肉の策として、大御所の作詞・作曲家が得意な〝哀調の歌〟に傾注することで、新興勢力との差異化を図ろうとした面も否めない。

そんな時、旧来の歌づくりに命を賭ける男をテーマにした小説が世に出た。昭和41年、五木寛之が「小説現代」に発表した『艶歌』という短編である。

主人公の高円寺竜三は〝艶歌の竜〟の異名を持つレコード会社の名ディレクター。高円寺は作中で、こんなことを語っている。

「艶歌とは、庶民が口に出せない怨念悲傷を、艶なる詩曲に転じて歌う。転じるところに何かがある。泣くかわりに歌うのだ……」

抑圧された大衆の恨みつらみを、歌の形で晴らしてくれるのが「艶歌」なのだ、と。

フィクションの世界とはいえ、実際のレコード製作現場にも似たような心情で歌づくりに向き合っていた製作者はいただろう。この〝艶歌の竜〟のモデルは、日本コロムビアから独立して日本クラウンを創設した中心人物の一人、馬渕玄三だと言われている。

この小説が発表されて以降、レコード会社が「演歌」の文字を宣伝に使い始める。「艶歌」がなぜ「演歌」となったかは、「艶」の文字が当時の当用漢字になかったため、マスコミが「演」の文字を当てたとする説が有力だ。

そして、五木が書いた『艶歌』の世界をそのまま体現するような一人の少女が現れた。

昭和44年に『新宿の女』でデビューした藤圭子である。

バカだな　バカだな

だまされちゃって
夜《よる》が冷《つめ》たい　新宿の女《おんな》

『新宿の女』より

当時、藤は19歳。浪曲師の家に生まれて、ドサ回りする暮らしを続けていた。小学校5年生の頃、支度が遅れた母親の場つなぎで、藤が当時のヒット曲を歌ったところ、いつもの何倍ものおひねりが飛んだ。以来、藤は自分の歌で一家を養っていくことになる。

こうした生い立ちを経て、作詞家石坂まさをと出会った藤圭子は、「演歌の星を背負った宿命の少女」というキャッチフレーズでデビューを果たす。

華奢な外見からは想像もつかない低くハスキーな低音が、聴く者の心に深く突き刺さり、しばし身動きが取れないほどの衝撃を与える。藤圭子の歌声は、従来の演歌ファンとは全く別の層……、高度成長の陰で虐げられ、挫折をくり返していた若者や労働者たちに届き、大きなムーブメントを起こした。

続く『女のブルース』も大ヒット。そして、プロデューサーを兼ねていた石坂の用意した3曲目が、『圭子の夢は夜ひらく』だった。

十五、十六、十七と
私の人生《じんせい》　暗《くら》かった
過去《かこ》はどんなに　暗《くら》くとも
夢は夜ひらく

原曲の『夢は夜ひらく』は、作曲家曽根幸明が練馬少年鑑別所で歌われていた俗曲を採譜して、レコード化した「ひとりぼっちの唄」がベースになっている。その後、園まりや美空ひばりもカバーしている名曲だ。

『圭子の夢は夜ひらく』は、歌詞を全て石坂が書き直し、当時の日本が抱える哀しみを一身に背負うような、それでいて一筋の光を感じさせるような不思議なバラードに仕上げた。その結果、3曲続けての大ヒットで、藤圭子は一躍〝演歌の星〟となったのである。

だが、藤の活躍を見守っていた五木寛之は何となく不吉な予兆を感じた。この成功は、下層から這い上がってきた人間の怨念が一気に燃焼した一瞬の閃光であり、芸として長く続くものではないのかもしれない……。

その後、藤圭子は、あり余る才能を生かしきったとは言えないほど短い歌手生活を送り、大衆の前から姿を消した。あの時代だからこそ生まれた、奇跡の歌姫だったのかもしれない。

また逢う日まで（昭和46年）

作詞：阿久悠　作曲：筒美京平　歌：尾崎紀世彦

また逢う日まで　逢える時まで
別れのそのわけは　話したくない
なぜかさみしいだけ
なぜかむなしいだけ
たがいに傷《きず》つき　すべてをなくすから
ふたりでドアをしめて
ふたりで名前消して
その時心は何《なに》かを　話すだろう

作詞家として、日本レコード大賞・獲得5回（歴代1位）、日本作詩大賞・獲得8回（同1位）、シングル盤総売上枚数6800万枚超（同2位）の実績を持つ、昭和歌謡界の〝モンスター〟阿久悠。

人は彼を「戦略の作詞家」と呼んだ。時代を読み、時代の飢餓感を捉えて歌をぶっつけ、「ああ、それそれ！」と大衆に言わせること（要するにヒットすること）に無上の喜びを感じる、プロデューサー的な思考を持つ作詞家だ。

そんな阿久の評価を不動のものにした作品が、昭和46年発売の『また逢う日まで』。ファンファーレのようなインパクトのあるイントロに乗って、尾崎紀世彦が両手でVサインを出しながら登場するシーンを、覚えている人は多いだろう。売上枚数100万枚に迫る大ヒットとなり、その年の日本レコード大賞を勝ち取った。

ところで、この曲がリメイク作品であることをご存じだろうか。

原曲は、『また逢う日まで』の1年前に発売された、グループ・サウンズの人気バンド「ズー・ニー・ヴー」の『ひとりの悲しみ』だ。

明日《あした》が見える　今日の終りに
背のびをしてみても　何も見えない
なぜか　さみしいだけ
なぜか　むなしいだけ
こうして　はじまる
ひとりの悲しみが

こころを寄せておいで
あたためあっておいで
その時二人は何かを見るだろう

『ひとりの悲しみ』より

作詞はもちろん阿久悠。ルーツを遡れば、作曲家筒美京平がCMソング用に書き下ろした曲がお蔵入りになり、その出来を惜しんだディレクターが、阿久に依頼してズー・ニー・ヴー向けに詞を書いてもらったいきさつがある。

発売されたのは昭和45年。当時は、日米安全保障条約の改定問題、いわゆる「七〇年安保闘争」に参加する若者たちで街は騒然としていた。しかし、6月の国会で安保改定が可決されると、若者たちの熱気は急速にしぼんでゆく。

その様子を見ていた当時33歳の阿久悠は、「青春の挫折」をテーマに詞を書くことにした。それが『ひとりの悲しみ』だった。

阿久は、昭和45年の夏は挫折した若者の多くが都会から故郷に帰ってしまうだろうと予測。その心情に寄り添う詞を書いたつもりだった。

ところが、その年の夏、街はいつもと同じように若者であふれかえっていた。挫折した若者たちに挫折をぶつけたことが間違っていたのかもしれない……。

『ひとりの悲しみ』への期待が大きかった分、読みを外した阿久の方がかえって挫折感を抱くほどだった。

やがて年が明けると、あの激しい闘争を経験した若者たちは、今度は優しさや触れ合いを求めるようになっていた。人気のフォークソングでも人生や不条理を語る歌から、愛や日々の生活を歌う歌への流れが見て取れた。

そうした社会の変化を感じ取った阿久は、1年前に読みを外した作品で、再び勝負することにしたのである。テーマは「新しい別れ」の形。

ふたりでドアをしめて
ふたりで名前消して

それまでの歌謡曲が描いてきた別れは、互いに涙にくれながらもう二度と会えないと嘆く「感情的な別れ」が多かった。

しかし、阿久が描きたかったのは、互いに話し合い、納得して別の道を歩き出す「理性的な別れ」だった。タイトルにもある通り、その二人は「またいつか逢おう」と笑顔で別れるのである。

阿久は若者をターゲットに想定していたのだが、銀座のホステスに「ああ、こんな別れがしてみたい……」と言われて驚いたという。それは、この曲が世代や属性を超えて響く「大ヒットの要素」を持っていることの証でもあった。

たった1年で『ひとりの悲しみ』から『また逢う日まで』へ。このダイナミズムによって、阿久悠は時代を読むことの面白さを実感し、人生を賭けて歌づくりにのめり込んでいくのだった。

わたしの城下町（昭和46年）

作詞：安井かずみ　作曲：平尾昌晃　歌：小柳ルミ子

格子戸《こうしど》をくぐりぬけ
見あげる夕焼けの空に
だれが歌うのか子守唄《こもりうた》
わたしの城下町《じょうかまち》
好きだともいえずに
歩く川のほとり
往《ゆ》きかう人に
なぜか目をふせながら
心は燃《も》えてゆく

渡辺音楽出版株式会社

昭和46年は、いろいろな意味で時代の転換を感じさせる年だった。世の中としては大阪万博が成功裡に終わり、経済成長を遂げた日本が次に何を目指せばいいかの答えを探しているような状態。また、「七〇安保」に敗北した若者たちは、優しさや触れ合いに目を向け始めていた。

そして歌謡界では、フレッシュな女性歌手三人が相次いでデビューした。

宝塚音楽学校を卒業後、NHKの朝ドラ「虹」に出演した小柳ルミ子。TBS「時間ですよ」の〝隣のマリちゃん〟役でデビューした天地真理。そして、沖縄からやって来たエキゾチックな美少女南沙織。

彼女たちは「三人娘」と呼ばれ（のちに、美空ひばり、江利チエミ、雪村いづみと区別するため「新三人娘」に）、テレビ時代の「アイドル歌手」という新たなスター像の基本が作られた。

その中の一人、小柳ルミ子のデビュー曲は、経済成長の陰で忘れられがちな日本の良さを再発見する「和」をテーマにすることが決まった。

ただし、選ばれた作曲家はロカビリー出身の平尾昌晃、作詞家はカバーポップスの訳詞で名を上げた安井かずみと、「和」の世界とは対極にいるような二人である。

実は以前、安井が「私はバタくさい詞ばかり書くと思われてるけど、日本的なものも書いてみたい」と話していたことを、平尾は覚えていた。安井なら、彼女独自の感性で新しい「和洋折衷」の世界を見せてくれる、そう期待しての起用だった。

平尾が先にメロディを書いて渡すと、安井は「わたしの城下町」のタイトルでこんな詞を書いてきた。

格子戸《こうしど》をくぐりぬけ
見あげる夕焼けの空に

メロディにピタリとはまる歌詞、それでいて情景が鮮明に浮かぶことに平尾は感心した。安井自身、のちに「自分が日本人であることを再確認できた」と語っているが、その思いは平尾も同じだった。

実はこの時、同じ「和洋折衷」のテーマでもう一つ作品が出来上がっていた。それが『お祭りの夜』だ。

泣かない約束を
したばかりなのにもう涙
ひとりでお祭りの人ごみを逃れて

『お祭りの夜』より

こちらは安井が先に詞を書いたが、平尾はリズム感のある詞のおかげで作曲がスムーズに進んだと述べている。

完成度の高い2曲を前に議論を尽くした末、小柳のデビュー曲は『わたしの城下町』に、『お祭りの夜』は2曲目のシングルに決まった。

『わたしの城下町』が発売されると、清楚でひたむきな小柳のイメージが歌の世界とマッチし、デビュー曲にして売上１３０万枚を超える大ヒットとなる。

この歌が広く受け入れられた背景には、当時の国鉄が行った「ディスカバー・ジャパン」キャンペーンによる旅行ブームがあったと言われている。

前年に開かれた大阪万博を目当てに全国から集まる旅行客を運ぶため、国鉄は列車の本数を増やし、新たな特急網を整備していた。ところが、万博が終わって乗客が減れば、列車はガラガラになってしまう。その対策として、国民に積極的に旅に出てもらおうと、「日本再発見」の意味を込めて「ディスカバー・ジャパン・美しい日本と私」キャンペーンを仕掛けたのである。

国鉄のほとんどの駅に、全国各地の美しい風景を印刷したポスターが貼られ、主要駅に記念スタンプが置かれていたのを覚えている人も多いだろう。

さらに、そうした「旅ブーム」をあと押ししたのが、女性誌「ａｎ・ａｎ」と「ｎｏｎ－ｎｏ」の創刊だった。若い女性たちが雑誌を片手に神社仏閣を訪ねながら地元の美味しいものを食べる……、いわゆる「アンノン族」の登場も、日本情緒を再発見する空気の醸成にひと役買ったようだ。

『わたしの城下町』でスターの座を手に入れた小柳は、続く『お祭りの夜』『瀬戸の花嫁』も大ヒット。ところが、清楚な「和」のイメージ定着で、本来目指していたダンスやミュージカルとのギャップに苦悩することになる。

一方、『水色の恋』でデビューして〝白雪姫〟のキャッチフレーズで国民的人気を集めた天地真理も、一度ついたイメージはなかなか拭えなかった。時代は変わっても、イメージチェンジの難しさに変わりはないようだ。

よこはま・たそがれ（昭和46年）

作詞：山口洋子　作曲：平尾昌晃　歌：五木ひろし

よこはま　たそがれ
ホテルの小部屋《こべや》
くちづけ　残《のこ》り香《が》　煙草《たばこ》のけむり
ブルース　口笛《くちぶえ》　女《おんな》の涙
あの人は　行って行ってしまった
あの人は　行って行ってしまった
もう帰らない

写真協力）徳間ジャパンコミュニケーションズ

実力がありながらヒット曲を持てなかった歌手が、腹をくくって「最後のチャンス」に賭ける。結果は神のみぞ知る……、そんなギリギリのやり取りに勝ち残れる人はごくわずかだ。おそらくほとんどの〝元歌手〟は、夢やぶれて別のステージに行く先を変えてきたのだろう。

そんな最後のチャンスをお茶の間とともに見守るテレビ番組が、昭和40年代後半に放送された「全日本歌謡選手権」だ。

「美空ひばりと、そば屋の出前の兄ちゃんが同じ土俵で戦う」

プロ、アマ問わず出場できる歌番組で、10週勝ち抜けば「レコード会社と契約」「賞金」「海外旅行」がもらえるという夢のような企画。ただし、プロがアマに負けた時は、大きなマイナスイメージを負うリスクもあった。

その番組に、当時22歳でミノルフォンレコード所属の歌手だった三谷謙が応募してきた。のちの五木ひろしである。

五木は福井県の出身。歌手を夢見て16歳で上京し、『東京の花売娘』（岡晴夫）や『港町十三番地』（美空ひばり）を手がけた作曲家上原げんとに弟子入り。数カ月後に「コロムビア全国歌謡コンクール」で優勝してデビューが決まるという順調なスタートを切った。

ところが翌年、恩師上原が50歳の若さで急死。後ろ盾を失くした五木はヒットを出せないままレコード会社を転々とする羽目に。番組出演当時は3つ目の芸名三谷謙で活動する傍ら、高級クラブの弾き語りで生計を立てていた。

その弾き語りを聴いた番組関係者に勧められ、五木は「全日本歌謡選手権」への出場を決意する。もし10週勝ち抜きに失敗した場合には、「無理矢理にでも連れて帰ってくれ」と故郷の兄に頼んで退路を断っていた。

運命の番組収録は昭和45年10月初旬。大阪府下の会場でリハーサルを行っていると、たまたま1本早い飛行機に乗って会場入りした審査員の一人、平尾昌晃が、五木が歌う『噂の女』を聴いた。

女心《おんなごころ》の悲しさなんて
わかりゃしないわ 世間《せけん》の人に

『噂の女』より
「いい声してるな、歌もうまい」

リハーサル後、平尾が近くのカフェに入ると、たまたま隣の席に五木が座っていた。

そこで挨拶を交わし、五木がプロの歌手であることを初めて知る。

本番が始まり、出場者全員の歌が終わったあと、いよいよ緊張の結果発表。ドラムロールに乗って回転するステージに立つ出場者。合格だと出場者が正面を向いた時に華やかなファンファーレが鳴らされるが、不合格だとそのまま退場だ。筆者もあの回転するステージを、息を詰めて見守った記憶がある。

そして、五木は……見事合格。2週目に進む権利を得た。

その翌週の放送に出演した審査員の中に、作詞家山口洋子がいた。銀座の高級クラブ「姫」のオーナーママを務める傍ら、作詞やエッセイを手がける才女。五木が1週目に歌った『噂の女』も山口が作詞した歌だった。

山口は五木の声に惚れ込んだ。また、直立不動で歌う歌手が多かった当時、ボディアクションを入れた五木の歌唱法にも新鮮さを感じた。実はこの時、五木が10週勝ち抜きをしようとしまいと、山口は五木のプロデュースを買って出るつもりだったという。


ちょうどその頃、「姫」の常連だった徳間書店の社長徳間康快がミノルフォンを買収し、「誰かいい歌手を知らないか？」と聞いてきたことがある。すると山口は、こう言って徳間社長を怒鳴りつけた。

「何言ってるの！　お宅には三谷謙っていうすごい歌手がいるでしょ！」

短い期間に様々な出会いと思惑が目まぐるしく交錯する中、五木は必死で歌い続けた。決して負けられない恐怖と闘いながら……。

その結果、見事に10週勝ち抜きを達成すると、新たに「五木ひろし」の芸名をもらい、山口洋子・平尾昌晃のコンビで作った『よこはま・たそがれ』でデビュー。ヒットチャート1位に輝く快挙を成し遂げ、最後の賭けに勝ったのである。

その後、全日本歌謡選手権は八代亜紀、中条きよし、山本譲二らを輩出し、再起をかけたプロの第二の登竜門として、昭和40年代後半の歌謡界に大きな存在感を示した。

ちなみに、五木ひろしの芸名は「姫」の常連だった作家五木寛之にあやかり、山口が付けたもの。「演歌」の名付け親とされる五木寛之ゆかりの芸名を背負い、五木は歌謡界のど真ん中を進んでいくことになる。

終着駅（昭和46年）

作詞：千家和也　作曲：浜圭介　歌：奥村チヨ

落葉《おちば》の舞《ま》い散《ち》る　停車場《ていしゃば》は
悲しい女の　吹《ふ》きだまり
だから今日《きょう》もひとり　明日《あす》もひとり
涙《なみだ》を捨《す》てにくる
真冬《まふゆ》に裸足《はだし》は　冷《つめ》たかろう
大きな荷物《にもつ》は　重《おも》たかろう
なのに今日もひとり　明日もひとり
過去《かこ》から逃《に》げてくる
一度《いちど》離《はな》したら　二度《にど》とつかめない
愛という名のあたたかい　心の鍵《かぎ》は

最終列車《さいしゅうれっしゃ》が　着く度《たび》に
よくにた女が　降《お》りてくる
そして今日もひとり　明日もひとり
過去から逃げてくる

多くの人々の人生を変える曲とは、長い足踏みに耐えながら努力を続けた者にだけ、神様がまるでご褒美を与えるようにフッと天から降りてくる、そんな生まれ方をするものだ。

作曲家浜圭介は、終戦直後に旧満州の日本人収容所で産声を上げ、2年後にようやく日本の土を踏んだという体験の持ち主である。

極貧の中、青森、北海道を転々とした浜は、10代半ばでエルビス・プレスリーの影響を受け、歌手を目指すことに。父親の猛反対を押し切り16歳で上京。念願のデビューは果たしたがモノにはならず、改名して再起を図ったあとも事務所とトラブルを起こし、逃げるように東京を離れた。

しかし、上野から夜行で青森に着いても、青函連絡船に乗る気になれない。期待して見送ってくれた家族や友人に顔向けできなかったのだ。そのまま踵を返し、弘前で暮らす幼なじみの家に転がり込んだ。この時、浜は22歳。

弘前では桜の名所である弘前公園の屋台でアルバイトに精を出す日々。テキ屋のお兄さんたちに可愛がられたが、浜の心には「いつかもう一度」の思いがくすぶっていた。浜の強みは自ら作曲ができたこと。歌い手よりも、作曲家として勝負したい……。

結局、テキ屋のお兄さんたちに背中を押され、浜は再び東京へ向かった。

その後は、来る日も来る日も曲を書き、レコード会社に日参して売り込みに励んでいると、ある音楽出版社から声がかかった。

アメリカでヒットしたポップスを次々と日本に紹介した新興楽譜出版社（現シンコー

ミュージック・エンタテイメント）の草野昌一、またの名を訳詞家漣健児《さざなみけんじ》。草野は浜の書くメロディに才能を感じ、専属契約を結んでくれたのだ。

ある日、草野はアメリカへの商談に浜を鞄持ちとして同行させた。本場のポップスに触れることでひと皮むけてほしいという願いもあった。

その旅の最終日、ニューヨークのホテルで「浜ちゃん、せっかくアメリカへ来たんだから、1曲書いてみたら」と草野にハッパをかけられた。浜が五番街に近い高層ホテルの一室で夜景を見ながら思いを巡らせていると、ふと「タラリラララ……」とメロディが降りてきたという。

帰国した浜が売れない仲間だった作詞家千家和也にメロディを聞かせると、千家もすぐに詞を書き上げてきた。『終着駅』のタイトルとともに。

落葉《おちば》の舞《ま》い散《ち》る　停車場《ていしゃば》は
悲しい女の　吹《ふ》きだまり

まるでフランス映画のワンシーンを見ているような、映像的なイメージを呼び起こす旋律には、「カノン（輪唱）」と呼ばれる〝追いかけ合う〟ような構造があり、バラードを超えた深さと格調が感じられる。

そして、この歌との出会いで人生をガラリと変えた人物が、もう一人いる。歌手奥村チヨだ。『ごめんネ…ジロー』や『恋の奴隷』でコケティッシュな魅力を振りまいていた奥村だが、本人はそうしたアイドル路線に飽き飽きしていた。

そんな時に出会ったのが、この『終着駅』。奥村にこの曲を紹介したのは、草野の弟で東芝レコードの敏腕ディレクター草野浩二だった。

「私、この曲を歌いたい！　歌わせてくれなかったら、歌手を辞めます！」

レコード会社の営業会議に乗り込んで、そう言い放ったこともある。

従来の小悪魔的なイメージ路線を進ませたい会社側の反対を押し切り、奥村は『終着駅』をリリース。やがてヒットチャートの上位に食い込むと、奥村チヨの代表作となったのである。

さらに、浜と奥村はこの曲がきっかけで結婚。生涯を共にすることになった。それもまた、神様からのご褒美だったのかもしれない。

喝采（昭和47年）

作詞：吉田旺　作曲：中村泰士　歌：ちあきなおみ

いつものように　幕《まく》が開《あ》き
恋の歌　うたう私に
届《とど》いた報《し》らせは　黒いふちどりがありました
あれは三年前　止《と》めるアナタ駅に残《のこ》し
動《うご》き始《はじ》めた汽車に　ひとり飛《と》びのった
ひなびた町の　昼下《ひるさ》がり
教会の　まえにたたずみ
喪服《もふく》の私は　祈《いの》る言葉《ことば》さえ失《な》くしてた

個人的な思い出話で恐縮だが、『喝采』がヒットした昭和47年のことは今もおぼろげながら記憶にある。

当時、筆者は小学4年生。テレビからは人気番組「飛び出せ！青春」の主題歌『太陽がくれた季節』や石橋正次の『夜明けの停車場』が流れていた。年の離れた兄姉がいる同級生は、歌謡曲なんて古いとばかりに吉田拓郎（当時は、よしだたくろう）の『旅の宿』や『結婚しようよ』を聴いていた。また、町に1軒しかないレコード店ではぴんからトリオの『女のみち』が一日中かかっていた（ような気がする）。

そして天地真理、小柳ルミ子、南沙織の「新三人娘」の全盛期。年末の賞レースに関しては、先行する日本歌謡大賞を小柳ルミ子の『瀬戸の花嫁』が受賞し、大晦日のレコード大賞も本命視されていた。ところが……。

12月になって、にわかにダークホースが存在感を増してきていた。それが、ちあきなおみの『喝采』だ。

当時はテレビと同様、レコードプレイヤーも一家に一台の時代。レコード選択の優先権は両親かあるいは年長の兄姉が握っており、子供たちは「外で遊んで来い！」と追い出されるのが関の山だった。

　そんな子供たちが、学校に行くと、左手でマイクを持つフリをして、右手の手のひらを正面に向けてゆっくりと上げながら「いつものように幕が開き……」と、ちあきの歌真似で盛り上がった記憶がある。それだけ広く浸透していたのだ。

　そして迎えた大晦日。レコード大賞を獲得したのは『喝采』だった。正月明けに、わが家でも町のレコード店で『喝采』を買ったことは言うまでもない。


ちあきなおみは東京板橋の生まれ。幼い頃から芸事が好きだった母親の影響でタップダンスや歌を習い、10代の頃には米軍キャンプやジャズ喫茶で歌うようになっていた。

その後、レコード会社のオーディションを受けたのち、作曲家鈴木淳のもとでレッスンを受け、昭和44年に『雨に濡れた慕情』でデビュー。初のヒット曲は4枚目のシングル『四つのお願い』（昭和45年）だった。

たとえば私が恋を　恋をするなら
四つのお願《ねが》い聞《き》いて　聞《き》いてほしいの

『四つのお願い』より

当時、ちあきは22歳。いわゆる〝お色気路線〟でヒットが続いたが、長続きはしなかった。やがて、作曲家に中村泰士が起用される。中村はちあきのデビュー曲を聴いて、その歌唱力と存在感に衝撃を受け、「ちあきなおみの曲を書かせてくれ」とレコード会社に直談判するほど惚れ込んでいた。

その願いがようやく実現したのが昭和47年。中村は、デビュー以来ちあきの詞を手がけてきた吉田旺と組んで『禁じられた恋の島』を提供した。

約束の時間に　紙のフクロぶらさげ
桟橋《さんばし》にきたけど　あなたはまだこない

『禁じられた恋の島』より

やや陳腐なお色気路線を脱して、ちあきの類いまれな表現力が生きる〝ドラマ性のある〟歌詞に、ポップなメロディを重ねた自信作。だが、全く売れなかった。

しかし、そのコンセプトに手応えを感じた中村と吉田は、よりドラマ性の高い作品を次回作にすることを決めた。それが『喝采』だった。

ただし、ここで作詞家と作曲家の意見が割れた。

届《とど》いた報《し》らせは　黒いふちどりがありました

「いくら別れても殺す必要はない」と書き直しを主張する中村に対し、吉田は「ここが歌の『核』、直したらドラマチックにならない」と徹底抗戦。決裂かと思われたが、最後に吉田の主張が通った。すると、負けを認めた中村は詞の内容に合わせて曲の手直しを行ったという。

結果の是非は誰もが知る通りだ。この『喝采』がレコード大賞を狙って作られた歌でないことは、9月発売であることからもわかる（キャンペーンを張るには期間が短すぎる）。この歌に心から惚れて、あと押しした人たちの存在が、この曲に栄誉を与える原動力となったのだろう。

その後、平成4年に最愛の夫郷鍈治を亡くしたあと、ちあきは一度も表舞台に姿を見せていない。『喝采』の主人公のように舞台に立ってほしいと思いつつ、ファンはちあきなおみの幸せを心から願い、今も遠くから静かに見守っているのだろう。

学生街の喫茶店（昭和47年）

作詞：山上路夫　作曲：すぎやまこういち　歌：ガロ

君とよくこの店《みせ》に　来《き》たものさ
わけもなくお茶《ちゃ》を飲《の》み　話《はな》したよ
学生でにぎやかな　この店《みせ》の
片隅《かたすみ》で聴《き》いていた　ボブ・ディラン
あの時の歌は　聴《き》こえない
人の姿《すがた》も変わったよ　時は流れた
あの頃《ころ》は愛だとは　知らないで
サヨナラも　言《い》わないで
別れたよ　君と

提供：日本コロムビア

反体制や反戦などメッセージ性の強い歌詞をギターをかき鳴らしながら歌い上げ、「七〇年安保」運動の高まりとともに、学生を中心とした若い世代に熱く支持されていた日本のフォークソング。それはやがて、安保闘争の挫折を経て次第に変質していった。

昭和40年代後半に入ると、フォークは身近にある暮らしや人との触れ合い、優しさを語り始めたことで幅広い世代のファン層を獲得。その後の全共闘運動が大衆に支持されなかったのとは対照的な展開を見せた。

そんなフォーク全盛期に誕生したミリオンヒットが、昭和47年にガロが歌った『学生街の喫茶店』だ。

以前から同じGSバンドで活動していた堀内護（マーク）と日高富明（トミー）に、堀内とロック・ミュージカルで共演した大野真澄（ボーカル）が加わり、昭和45年にガロを結成。メンバーそれぞれがギター&ボーカルを担当し、抜群のコーラスワークを聴かせた三人組である。

当初は堀内や日高が曲づくりを担っていたがヒットには結びつかず、3曲目のシングル曲は外部の作詞・作曲家に委ねることになった。

こうして昭和47年夏、ガロ3枚目のシングル『美しすぎて』が発売された。

あなたの呼ぶ声　聞こえた気がして
思わずあたりを　僕は見わたした

『美しすぎて』より

しかし、期待も虚しく発売直後の売れ行きは芳しいものではなかった。諦めの空気が漂い始めた頃、北海道の有線放送である変化が見られた。B面に収録した『学生街の喫茶店』へのリクエストが急増していたのだ。

その動きを察知したレコード会社は、同じ昭和47年の暮れに『学生街の喫茶店』をA面に差し替えてレコードを再発売。さらに、ガロがテレビ出演すると、長髪でビジュアル的にもお洒落な3人組の人気が沸騰。ついにはヒットチャートの1位にまで上りつめたのである。

君とよくこの店《みせ》に　来《き》たものさ

この時、話題になったのがタイトルである『学生街の喫茶店』のモデル探しだ。大学の多い御茶ノ水界隈の「マロニエ」や「レモン」、「丘」などが候補に挙がるなど、議論は大いに盛り上がった。

ただし、この歌を作詞した山上路夫（代表作:『夜明けのスキャット』『翼をください』など）によると、詞を書く時に思い浮かんだのはフランス、パリの街だったという。

山上自身は、幼い頃に罹った小児ぜんそくの影響からあまり学校に通えず、自らの思い出に残るような喫茶店はなかった。しかし、のちにパリを訪れて学生街「カルチェ・ラタン」を歩いた時、溌剌とした若い学生たちを見て、憧れの感情とともに〝学生街〟というワードが脳裏に刻まれたのだった。

ただし、具体的なモデルの店があるわけではない。山上は「聴く人がそれぞれの心に浮かんだ店があれば、それは全て正解だ」とのちに語っている。

こうしてB面からA面に昇格した『学生街の喫茶店』が、翌昭和48年に大ブレイク。テレビ出演を嫌うフォーク系アーティストの中で、ガロはメディアへの露出を厭わず、年末には紅白歌合戦にも出場。フォークソングが若者以外の層に認知される結果をもたらしたのである。

このように、ポップス系のオリジナル作品で活動しているアーティストに対し、ファン層を広げるため、レコード会社が専業作家の作品を歌わせるケースは多い。

ところが厄介なことに、その作品がヒットすると、新しいファンを大量に獲得できる半面、デビュー当時から支持してくれていた古いファンたちが離れ、バンドも方向性を見失うというリスクも潜んでいる。

ガロの場合、その後『学生街の喫茶店』を超える作品が生み出せなかったことや、メンバー内で音楽性の違いが表面化したことから、わずか5年あまりの活動をもって解散。

３人はそれぞれ別の音楽活動を続けていく道を選んだ。

時は流れ、学生街に数多く存在した喫茶店は、今はもうずいぶん数を減らしてしまった。しかし、記憶の中で蘇るガロのハーモニーはあの時と変わりなく、私たちを今もセピア色の追憶の世界に連れ出してくれるのだった。

あなた（昭和48年）

作詞・作曲：小坂明子　歌：小坂明子

もしも私が家《いえ》を建《た》てたなら
小さな家《いえ》を建《た》てたでしょう
大きな窓と小さなドアーと
部屋には古い暖炉《だんろ》があるのよ
真赤《まっか》なバラと白いパンジー
子犬のよこにはあなたあなた
あなたがいてほしい
それが私の夢だったのよ
いとしいあなたは今どこに

提供：ワーナーミュージック・ジャパン

昭和40年代の半ばになると、日本のフォークソングは身近な暮らしや愛情、優しさなどを等身大の言葉で紡ぎ、全盛期を迎えていた。歌謡曲との差異はもはや自ら作詞・作曲するかどうか、あるいはテレビへの露出度くらいのもので、GSブームが去ったあとのポピュラー・ソングの中心になっていた。

そして、この頃、新鮮でユニークなシンガー・ソングライターの発掘に重要な役割を果たしていたコンテストが「ヤマハ・ポピュラーソング・コンテスト」（通称：ポプコン）である。

ポプコン設立当初はプロも参加していたが、昭和48年の第6回大会からアマチュアのみを対象とし、新人発掘の目的が明確にされた。そのアマチュア初回大会でグランプリを受賞したのが、当時高校2年生だった小坂明子だ。

小坂は兵庫県西宮市生まれ。父親は関西で活躍する作・編曲家、指揮者の小坂務で、

3歳の時に絶対音感を得て、5歳で楽譜が読めたほどの英才教育を受けていた。ところが、百日咳にかかったことがきっかけで声がハスキーになり、音域が狭くなった結果、歌に苦手意識を持ったまま成長したという。

そのコンプレックスを克服できたきっかけは、音楽高校の受験に備えて発声のレッスンを受けた際、先生から「頭の窓を開けて」とアドバイスされたこと。そのイメージで声を出した途端、なぜか1オクターブ上の音が出せたのだった。

当時、小坂は『学生街の喫茶店』がヒットしていたガロの大ファン。「ガロに会いたい！」と話していたら、父親がこんなことを言った。

「ポプコンの作詞・作曲部門に応募して『ガロ希望』と書いておいたら、歌ってくれるかもしれないぞ」

冗談半分に返した父親の言葉をきっかけに、小坂は「よし、作詞・作曲してみよう！」とヤル気になったのだから、人生何が幸いするかわからない。

小坂には、以前から「好き」とか「愛してる」というダイレクトな歌詞を使わずにラブソングを書いてみたいという思いがあった。こうしてガロの3人に歌ってもらえるよう3部コーラスに仕上げた曲が完成。タイトルは『あなた』。

ただし、実際のステージでガロに歌ってもらえるはずもなく、歌手探しは難航した。予選大会はヤマハ所属の歌手2名が参加することになり、残りのパートを小坂が担当して合格。しかし、続く関西地区大会では、その2人が都合で参加できず、どうしてもイメージに合う歌手が見つからない事態に。小坂は仕方なく、ソロ用に楽譜を書き直し、自分一人で歌うことに決めたのだった。

結果は地区大会優勝。そして、ポプコンの聖地「合歓《ねむ》の郷《さと》」（三重県志摩市）で行われた本選でグランプリ獲得。さらに同じ年の11月に行われた世界歌謡祭でも最優秀賞・グランプリを受賞。ほんの数カ月前まで歌手になるつもりなどなかった少女が、その年の暮れにレコード・デビューしてしまったのである。

しかも、発売から10日間で売上10万枚を突破。ヒットチャートも1位が続き、最終的には売上160万枚を超えるミリオンヒットとなった。

当然、小坂の生活は激変した。学校が終わると、校門の前で待つマネージャーとともに新幹線に飛び乗り東京へ。夜の歌番組に出演したあと夜行列車で大阪に戻り、ホテルで朝食を取ってそのまま学校へ。そんな暮らしがしばらく続いた。

また、歌がヒットしたことで嫌な思いもした。例えば、冒頭の歌詞……

もしも　私が家《いえ》を建《た》てたなら
小さな家《いえ》を建《た》てたでしょう

「もしも」で始まるなら「家を建てた」ではなく「建てる」が正しいとか、日本語に完了形はない（？）など、歌詞の内容よりも体裁に注文をつける声が数多く寄せられたのだ。これもヒットの洗礼なのだろうか。

だが、小坂明子がポピュラー・ソング界で開けた風穴は大きかった。彼女に続いて、ポプコン出場をきっかけに中島みゆき、八神純子、庄野真代ら、多くの女性シンガー・

ソングライターが世に出て、日本の音楽シーンをリードしていったのである。

その後、小坂は多彩な音楽活動を展開。2015年に開催された愛・地球博の公式マスコット「モリゾー&キッコロ」が登場するミュージカル「あした」の音楽監督を務めた他、ボイストレーナーとして後進の育成にも努めている。

もしも、小坂明子が『あなた』のイメージに合う3人組の歌手を見つけていたなら、あの曲は違う運命をたどった……かもしれない。

よろしく哀愁（昭和49年）

作詞：安井かずみ　作曲：筒美京平　歌：郷ひろみ

もっと素直に僕の
愛を信じて欲しい
一緒に住みたいよ
できるものならば

誰か君にやきもち
そして疑うなんて
君だけに本当の心みせてきた

会えない時間が

愛　育てるのさ
目をつぶれば　君がいる
友達と恋人の境を決めた以上
もう泣くのも　平気
よろしく哀愁

昭和48年10月に起きた第四次中東戦争をきっかけに、石油価格は高騰して「第1次オイルショック」が発生。インフレが市民生活を直撃し、物不足への不安が広がり店頭からトイレットペーパーや洗剤が消えた。翌昭和49年には日本経済が戦後初めてマイナス成長となり、世の中の空気が一変した。

停滞気味の世相を反映してか、昭和49年のヒット曲は、前掲の小坂明子『あなた』や、ブームの真っ只中にいたフィンガー5の作品を除いては、演歌やマイナー（短調）の曲が多かった。
本項の主役郷ひろみに西城秀樹、野口五郎を加えたアイドル「新御三家」はすでに確固たる地位を築いていた。しかし、デビューして2年以上が経ち、そろそろ新たなイメージを提供する必要に迫られていた。

君たち女の子　僕たち男の子
ヘイヘイヘイ　ヘイヘイヘイ　おいで遊ぼう

『男の子女の子』より

特に、デビュー曲『男の子女の子』のインパクトが強く、アイドル的人気が高かった郷ひろみは、間もなく20歳を迎えるところ。ここで少年から大人の歌手へどう脱皮できるかが課題だった。

ところで、デビューからこの頃まで、郷のシングル曲はほとんどが作詞：岩谷時子、作曲：筒美京平のコンビによって作られてきた。

眩《まぶ》しいな　君を見ていると
愛《あい》を告《つ》げたくなる

『裸のビーナス』より

岩谷の方も、少しずつ大人の階段を昇るように、郷の歌の中に大人の恋愛の要素を取り込んでいた。しかし、郷自身が持つ圧倒的な「陽」のキャラクターを変えることは容易ではなかった。

ここで歌手郷ひろみを大きく飛躍させるためにも、一度「翳り」のある作品をぶつけてみよう、そんな方針で選ばれた作詞家が安井かずみだった。

作曲の方は、引き続き筒美京平が担当。マイナーで深みのあるメロディが先に出来上がり、安井のもとに届けられたが、レコーディング期日が迫っているのになかなか詞が上がってこない。

迎えたレコーディング当日。担当するCBS・ソニーレコード（現ソニー・ミュージックエンタテインメント）のプロデューサー酒井政利は頭を抱えた。歌詞の最後の一行がブランクのまま、安井はヨーロッパに旅立ってしまったのである。

哀愁を帯びたメロディに乗せて、恋人になかなか会えない辛い気持ちを独白する主人公。郷のレパートリーを広げたいという意図が見事に反映された注文通りの出来だった。この最後の一行をどうするか……。携帯電話やメールが存在しない時代、機上の人となった安井と連絡を取る術はなかった。

「こちらで埋めるしかないか……」

酒井は残された時間で必死に考え続け、ようやく最後の一行を絞り出した。それが「よろしく哀愁」。読み返してみると意外に悪くない。結果的に、ひねり出された最後の一行がそのまま歌のタイトルになった。

ちなみに、レコーディングが終わったあと、帰国した安井は悪びれることなく、「酒井さんなら、うまくやってくれるとわかってたわ」と、笑顔で声をかけてきたという。

『よろしく哀愁』で恋愛の苦悩を切なく歌い上げた郷ひろみは、ルックス重視のアイドルから、歌唱力で勝負できる大人の歌手への第一歩を踏み出した。

その後、この歌は吉田拓郎や少年隊、シンシア（南沙織）ら複数のアーティストがカバーした。それは作品として完成度が高いことの証でもある。


振り返れば、トップアイドル郷ひろみは、デビューから『よろしく哀愁』までの間、歌謡界をリードする二人の女性作詞家、岩谷時子と安井かずみによって育てられてきた。

岩谷は、郷と親子ほど年齢が離れており、言わば〝母親〟目線で、多感な少年時代の郷を見守ってきた。

一方、少し年上の言わば〝姉〟世代である安井は、まるで恋愛の手ほどきをするように、郷に大人の階段を昇らせたようにも見える。

こうして歌謡界の〝母〟と〝姉〟に見守られながら、郷ひろみは日本を代表するエンターテイナーへと成長していった。

襟裳岬（昭和49年）

作詞：岡本おさみ　作曲：吉田拓郎　歌：森進一

北の街ではもう　悲しみを暖炉《だんろ》で
もやしはじめてるらしい
わけのわからないことで
悩《なや》んでいるうち　おいぼれてしまうから
だまりとおした歳月《としつき》を
ひろい集《あつ》めて暖《あたた》めあおう
えりもの春は　何《なに》もない春です

写真提供 ビクターエンタテインメント

人生の転機は思わぬタイミングでやって来るものだ。それは多くの場合、辛さや苦しみの川でもがいている時に、ふと現れたりする。

昭和48年の初頭、当時20代半ばだった森進一は深い悲しみに沈んでいた。最愛の母を失ったのだ。残された妹たちのために早く立ち直ろうと思っても、大ヒット曲『おふくろさん』を地で行くほど母親思いの森にとっては遣り切れない日々が続いた。

そんな折、翌年の日本ビクターの創立50周年に向けて、所属歌手10人のシングル盤を一斉に発売する企画が持ち上がった。

ビクターの稼ぎ頭である森は、フォークソングの雄、吉田拓郎の作品2曲を歌うことが決定。そのうちの1曲が『襟裳岬』だった。

譜面を渡された時、森は3番の歌詞に目を留めた。

日々《ひび》のくらしはいやでも　やってくるけど
静かに笑つてしまおう

周囲は、吉田特有の字余りのフォークソング、いわゆる〝拓郎節〟が森には合わないと否定的だったが、森には確信らしいものが芽生えていた。

「この歌を歌い切れれば、自分も成長できる……」

レコード会社は、もう1曲の『世捨人唄』の方が演歌らしいと判断し、『世捨人唄』をA面に、『襟裳岬』をB面にして発売することを決定。

これに猛反発したのが森本人だった。哀しみから立ち直り、新たな自分を打ち出すためにも、あの歌詞を歌いたい、『襟裳岬』で勝負したい……。

結局、最後までレコード会社は首を縦に振らず、『襟裳岬』と『世捨人唄』は両A面の扱いで発売されることになる。ところが、森の意気込みとは裏腹に、潰れた声で女心を歌ってきた森を応援してきたファンからは戸惑いの声が上がった。さらに思わぬところから批判が寄せられた。

えりもの春は　何《なに》もない春です

この歌詞に地元えりも町の住民の一部が過敏に反応し、「何もないとは何事だ！」と抗議の電話が所属事務所やレコード会社に寄せられたのだ。

そもそも、日本ビクターの50周年企画で、森進一と吉田拓郎のコラボを思いついたのは、駆け出しのディレクター高橋隆だった。かつてフォークグループ「ソルティー・シュガー」のメンバーだった高橋は、打ち上げの席で吉田がふと洩らしたこんな言葉を覚えていた。

「男だったら森進一、女だったら都はるみの歌を作ってみたい」

会社から50周年の企画を出すよう言われた時、高橋はその記憶を頼りに吉田にオファーを出してみた。すると、「どろどろの演歌でなければ」と快諾。作詞については、吉田のヒット曲『旅の宿』『落陽』の詞を手がけた岡本おさみが担当することになった。

岡本は以前、北海道の襟裳岬を訪れたことがある。その時、浜で出会った地元の漁師に「いいところですね」と声をかけると、「なんもないんだぁ」と返され、素朴で含羞ある言い回しに日本人特有の温かいものを感じた。

その旅の記憶を思い起こして、『襟裳岬』を書き上げたのだった。
出来上がった『襟裳岬』の音源を聴いた時、吉田は卒倒しそうなほど驚いたという。
「森進一はこんな風に歌うのか、これはかなわない」
歌は歌い手のものだと、吉田はつくづく思い知ったのである。

こうして森進一が苦境を打破するため、自らの表現世界を広げるため〝拓郎節〟に挑戦した『襟裳岬』は、発売当初こそいくつか批判を浴びたものの、大方の予想を覆し、徐々にヒットチャートを上昇。

そして、昭和49年の日本歌謡大賞、日本レコード大賞をダブル受賞したのである。森にとっては初めての戴冠となった。

当初は拒否反応を示していたデビュー当時からのファンも、森の新しい魅力に気づいて納得する方向に。さらに、「何もない春」に抗議を寄せた地元の住民たちも、歌の人気上昇とともにえりも町を訪れる観光客が急増したことで、「この歌のおかげだ」と評価が180度変わることとなった。

演歌の旗手とフォークの帝王の邂逅で生まれた『襟裳岬』は、当事者だけでなく数多くの人々の人生を豊かにする特別な歌となった。

そして、歌謡曲はその間口をさらに大きく広げたのである。

学園天国（昭和49年）

作詞：阿久悠　作曲：井上忠夫　歌：フィンガー5

あいつもこいつもあの席を
ただ一つねらっているんだよ
このクラスで一番の
美人の隣を
あー　みんなライバルさ
あー　いのちがけだよ
運命の女神さまよ
このぼくにほほえんで
一度だけでも
勉強する気もしない気も

© ユニバーサル ミュージック

この時にかかっているんだよ
もし駄目ならこのぼくは
もうグレちまうよ

沖縄の施政権がアメリカから返還されたのは、今から半世紀以上前の昭和47年のこと。その本土復帰と相前後して、沖縄からやって来た2組の歌手が歌謡界に新たな風を吹き込んだ。

昭和46年に『17才』でデビューした〝シンシア〟こと南沙織。そして、5人兄弟のユニット「フィンガー5」である。

返還前の沖縄で米兵相手のバーを営んでいた父親のもと、幼い頃からアメリカン・ポップスやロックを聴いて育った5人兄弟（玉元一夫、光男、正男、晃、妙子）は、現地のコンテストで優勝して一家で上京。「ベイビー・ブラザーズ」の名でデビューを果たしたのは、南沙織より早い昭和45年のことだ。

ところが、沖縄仕込みのソウルロックが歌いたくても、求められるのはまるで〝童謡〟のような子供向けの歌ばかり。しかも、話題にすらならず、玉元一家の極貧生活は続いた。もう沖縄へ帰ろうかと思い始めた矢先、彼らの才能に気づいた音楽関係者の計らいでオーディションの機会が与えられた。

連れて行かれたスタジオには、2人の男が待ち構えていた。「もう好き勝手にやろう」と吹っ切れた玉元兄弟は、トム・ジョーンズやジャクソン5ばりのソウルロック・ナンバーを伸び伸びと演奏。その才能を目の当たりにして驚愕した2人の男こそ、作詞家阿久悠と作曲家都倉俊一だった。

当時の阿久は、アイドル路線だった山本リンダに『狙いうち』を提供し、本人曰く〝絵空事路線〟を成功に導いたばかり。その第2弾として阿久は、玉元兄弟で思いっきり遊んでやろうと考えた。特に、小学生とは思えないフィーリングとパワフルな声を持つ四男、晃はまさにロックンロールの申し子。彼を中心にアメリカン・コミックスのような学園モノを作ろうと考えたのである。

こうして再デビューの機会と、新たな芸名「フィンガー5」を与えられた玉元兄弟は、昭和48年に『個人授業』を発表する。

いけないひとねといって
いつもこの頭をなでる
叱られていてもぼくは
なぜかうっとりしてしまう
あなたはせんせい

『個人授業』より

末っ子の妙子と同い年の筆者は、フィンガー5が巻き起こした熱狂をリアルタイムで目撃している。ボーカルの晃が色つきの〝トンボメガネ〟をかけ、高音でシャウトする姿に、周りの女子たちは黄色い歓声を上げていたものだ。

2枚目のシングル『恋のダイヤル6700』も大ヒット。そして、3枚目としてリリースされたのが『学園天国』だった。

勉強する気もしない気も
この時にかかっているんだよ
もし駄目ならこのぼくは
もうグレちまうよ

勉強そっちのけで〝席替え〟にうつつを抜かし、「駄目ならグレる」とまで言ってのける主人公に子供たちは喝采を送り、大人たちは眉をひそめた。

阿久はこの世界を〝絵空事〟のつもりで始めたかもしれないが、当時の小・中学生に言わせれば、舟木一夫の『高校三年生』や森昌子の『せんせい』など、大人好みの優等生ばかり出てくる従来の学園モノの方が、よほど〝絵空事〟に見えた。美しい担任教師に恋い焦がれたり、卒業式で告白しようとドキドキする思いや、席替えで好きな子の隣に座りたいと願う気持ちの方がリアルで共感を覚えたものだ。

ミリオンヒットを連発し、大ブームを巻き起こしたフィンガー5。しかし、あまりの多忙さにボーカルの晃は過労で何度も倒れ、救急車で病院に運ばれたことも。命の危険を感じた兄弟たちは昭和50年、休養を兼ねてアメリカへ留学。だが翌年帰国した時、芸能界に彼らの居場所は残されていなかった。

その後、実質的な解散に追い込まれると、晃は家電や住宅のセールスマンを経て音楽活動を再開。還暦を超えた今もステージに立ち続けている。

一方で、フィンガー5の成功は沖縄出身の若者たちに夢の道筋を示した。平成の歌謡界を席巻した安室奈美恵、SPEED、DA PUMPらの活躍には、玉元兄弟の存在が少なからず影響を与えたはずである。

昭和50年代・昭和60年代のヒット曲

俺たちの旅（昭和50年）

作詞・作曲：小椋佳　歌：中村雅俊

夢の坂道は木の葉模様の石畳
まばゆく白い長い壁
足跡も影も残さないで
たどりつけない山の中へ
続いているものなのです

夢の夕陽はコバルト色の空と海
交わってただ遠い果て
輝いたという記憶だけで
ほんの小さな一番星に

提供：日本コロムビア

追われて消えるものなのです
背中の夢に浮かぶ小舟に
あなたが今でも手をふるようだ
背中の夢に浮かぶ小舟に
あなたが今でも手を振るようだ

海の向こうのメジャー・リーグでは、大谷翔平選手の〝二刀流〟が話題を集めている。かつては〝二足のわらじ〟と呼ばれ、歌謡界にも山口洋子（銀座のクラブ・ママと作詞家）や阿久悠（広告代理店社員と作詞家）らの例があった。そして、昭和も終わり近くになった頃、小椋佳が現れた。

小椋佳の本名は神田紘爾《こうじ》。東大法学部を卒業後、日本勧業銀行（のちの第一勧業銀行、現みずほ銀行）に入行したエリート銀行員だ。もっとも本人は、入行早々サボってばかりの問題行員だったと述懐している。

小椋は幼い頃から歌謡曲が大好きで、流行りの歌をいち早く覚えて口ずさむような少年だったという。ところが、高校生くらいになると歌謡曲を歌うのがだんだん嫌になり始めた。当時のヒット曲に「しょせん大衆はこの程度で喜ぶだろ」と言わんばかりの手抜きを感じるようになったのだ。「バカにするな！」と反発しつつ、「だったら自分で作ればいいのか」と気づいた小椋は、自分の思いや出来事を、まるで日記のごとく歌として書き留めるようになる。

日記のような歌づくりは、銀行に就職してからも続いた。小椋は一度だけ、学生時代から交流のあった劇作家寺山修司の企画で、LP『初恋地獄篇』に自作を提供したことがある。その歌を聴いたレコード会社のディレクターは、少年のような瑞々しさを感じさせる正体不明のシンガー・ソングライターを探し回ったという。だが、ようやく探し当てた「小椋佳」は、20代の銀行員だった。

しかも、銀行には兼業禁止のルールがある。粘り強いディレクターの誘いに折れた小椋は、内緒で昭和46年にアルバム『青春～砂漠の少年～』を発表。従来の音楽ジャンルの枠に当てはまらない小椋佳の世界は、徐々に浸透してゆく。

やがて3枚目のアルバム『彷徨《さまよい》』が売上100万枚を超えると、それまで黙認していた銀行側も問題視する事態に。小椋は「今後、人前に出る活動は一切しない」と約束し、歌づくりを続けることだけは守り抜いた。

ところが、その後、布施明に提供した『シクラメンのかほり』が大ヒットしたことから、事態は思わぬ方向に動いていく。

真綿色《まわたいろ》したシクラメンほど
清《すが》しいものはない
出逢《であ》いの時の君のようです

『シクラメンのかほり』より

この曲がヒットした頃、研修のため欧米に長期滞在していた小椋は、銀行から帰国中止命令を受ける。空港で大勢の取材陣が待ち構えているというのだ。結局、予定を数日遅らせて帰国する羽目に。

さらに、レコード大賞が決まる大晦日には、小椋は取材陣を避けて東京駅近くの雀荘に潜伏。『シクラメンのかほり』が大賞を獲ったことはテレビで知ることとなった。

そんな、激動の昭和50年に作られた日本テレビ系ドラマの主題歌が『俺たちの旅』である。主演の中村雅俊が「どうしても小椋佳さんの歌で」と熱望したことから実現。その際、小椋に送られてきたのは、ボサボサ頭で汚いシャツとジーンズ姿の中村の写真1枚だけ。レコードで聴いた中村の歌声を頼りに、アメリカの広い田園風景をイメージして曲を書き上げたという。

また、同じドラマのエンディング曲に『ただお前がいい』がある。

ただお前がいい

わずらわしさに なげた小石の
放物線の軌跡の上で

『ただお前がいい』より

物理や数学の授業でしか聞かない「放物線の軌跡」が、歌になるところが小椋佳ワールド。ゆっくりと弧を描いて落ちる小石の映像が鮮やかに浮かぶ。

その後、〝覆面作家〟のままでは世間が許さない状況となり、銀行の許しを得た上で、昭和61年秋にＮＨＫホールで初リサイタルを開催。一度限りの約束が、その舞台で聴き手と一体になる喜びを知った小椋は、数年後に第一勧業銀行を退職して音楽やミュージカルなどの表現活動中心の活動を始める。

ただ、小椋自身は銀行在籍中から「二足のわらじを履いた覚えはない」と語っている。第一勧業銀行でも国際財務サービス室を立ち上げて新たな金融商品を開発し、浜松支店長時代には業績向上で表彰された小椋にとって、銀行の仕事も音楽家活動も、どちらも大切な「自己表現」の手段だったのである。

木綿のハンカチーフ（昭和50年）

作詞：松本隆　作曲：筒美京平　歌：太田裕美

恋人よ　ぼくは旅立つ
東へと向う列車で
はなやいだ街で　君への贈りもの
探す　探すつもりだ
いいえ　あなた　私は
欲しいものはないのよ
ただ都会の絵の具に
染まらないで帰って
染まらないで帰って

提供：（株）ソニー・ミュージックレーベルズ

昭和50年代初頭のフォークソングおよびニューミュージックは、すでに確固たるジャンルとして若者世代の支持を受けており、音楽のメインストリームの一つとしてさらなる発展を遂げようとしていた。

一方、長い歴史の中で、それまでに起きた数多のブームを吸収しながらキャパシティを拡大してきた歌謡曲も、テレビ時代の申し子と言えるアイドル歌手の登場により隆盛を保ち続けていた。

『襟裳岬』と『シクラメンのかほり』が2年続けてレコード大賞を獲得するなど、ニューミュージックの旗手たちが歌謡界のスターに作品を提供して成功する例も増えていたが、まだそれぞれが志向する音楽性やファン層は明確に分かれていたように思う。

そんな壁のある二つの世界を、わりと自由に行き来できる歌手の一人が太田裕美だった。太田は東京生まれで埼玉春日部育ち。中学・高校と音楽科で声楽を学んだあと、渡辺プロダクションが設立したスクールメイツの一員に。

スクールメイツの活動と並行して、銀座のライブハウスでピアノの弾き語りをしていた太田は、スカウトされてレコード・デビューのチャンスをつかんだ。

ひとり雨だれは淋しすぎて
あなた呼びだしたりしてみたの

『雨だれ』より

昭和49年のデビュー曲『雨だれ』は、ヒットメーカー筒美京平が作曲。筒美の推薦した作詞家が松本隆だった。

伝説のロックバンド「はっぴいえんど」でドラムを担当した松本は、昭和47年のグループ解散後、作詞家に転身。活動歴は浅いながら、アグネス・チャンの『ポケットいっぱいの秘密』をヒットさせ、注目される存在だった。

太田裕美が歌謡曲とニューミュージックの両方を行き来できる……つまり、両方のファン層から支持を受けていたのは、明確なコンセプトに基づいて物語を紡ぐようなアルバムづくりを行っていたことも大きい。そのアルバムで構成および全作詞を任されていたのがその松本隆である。

そして、デビューの翌昭和50年に発売された3枚目のアルバム『心が風邪をひいた日』の1曲目に入っていた歌が『木綿のハンカチーフ』だった。

あなた　最後のわがまま
贈りものをねだるわ
ねえ　涙拭く　木綿の
ハンカチーフ下さい
ハンカチーフ下さい

恋人を残して都会へ出た男性と残された女性の往復書簡の形式で、フルコーラスだと4番まである。歌詞を見た関係者の誰もが「長い」と口にした。

作曲の筒美も「もっと短くしてほしい」と差し戻すつもりだったが、担当ディレクターがつかまらず、仕方なくそのまま曲を付けた。すると、予想外にいい作品に仕上がったため、急遽シングル化が決定したという経緯がある。もしあの日、ディレクターが筒美からの電話に出ていたら、この名作は生まれなかったことになる。

出来上がった作品を受け取った太田裕美は、当初から〝しっくり来ない〟ものを感じていた。曲全体が一つのストーリーでつながっているため、1コーラスで終わらせたり、カットして短くすることもできない。歌い終えるのにかかる時間は4分以上。そして、デビュー以来弾き語りを続けてきた太田が、初めてハンドマイクで歌うことを指示された曲でもある。のちに太田は「ピアノなしで歌うことがこれほど恥ずかしいとは思わなかった」と語っている。

この歌の作詞家、作曲家、歌手は3人とも東京近郊の生まれ育ちで、離れた距離を行き来する「遠距離恋愛」とは無縁だった。歌のベースとなったのは、北九州出身の担当ディレクターが、松本に語った自らの体験談だ。

そのテーマは、昭和30年代に一世を風靡した「望郷歌謡」にも通じている。ある意味、普遍的なドラマを持ち込んだことで、『木綿のハンカチーフ』は広い世代の共感を呼び、ミリオンヒットとなったのである。

このヒットで作詞家としての評価を高めた松本隆は、その後、近藤真彦や松田聖子らに次々とヒット作を提供。ちょうど小説執筆にウエイトを置き始めた巨匠阿久悠と入れ替わるように、昭和50年代後半の歌謡界を席巻する活躍を見せるのだった。

北の宿から（昭和50年）

作詞：阿久悠　作曲：小林亜星　歌：都はるみ

あなた変わりはないですか
日毎《ひごと》寒さがつのります
着てはもらえぬセーターを
寒さこらえて編《あ》んでます
女心《おんなごころ》の未練でしょう
あなた恋しい北の宿

提供：日本コロムビア

作り手側がある意図を持って世に送り出した作品が、狙い通り受け手に届くとは限らないのがエンタメの難しいところだ。逆に、作り手の意図を超える〝何か〟が生まれなければ、性別や世代を超えた「大ヒット」にはなり得ない。たとえ、それが〝勘違い〟であったとしても……。

昭和50年の暮れ、歌手都はるみは作詞阿久悠、作曲小林亜星という初めての組み合わせによる新曲『北の宿から』を発表した。〝戦略の作詞家〟として名高い阿久は、この歌をはるみに提供するにあたって一つの仕掛けを施した。彼の意図は、歌詞のこの部分に込められている。

女心《おんなごころ》の未練でしょう

従来の演歌による常套手段ならば、ここは「未練でしょう〝か〟」と問いかけるべきだと阿久は言う。しかし、『北の宿から』のヒロインは、自らを客観的に見つめて「未練でしょう」と言い切ることで、自分の中にある「未練」への責任を取っている、という理屈だ。阿久は、これまでの演歌には出て来ない潔い女性像を『北の宿から』に登場させたつもりだった。

ところが、世間はその歌詞よりも「着てはもらえぬセーターを寒さこらえて……」の部分に反応し、「なんていじらしい」や「意味ないよね」などと大いに盛り上がった。演歌嫌いで知られた歌手淡谷のり子の「風邪ひくよ」のコメントに笑った記憶もある。もっと言えば、『北の宿から』をカラオケで歌う時、「未練でしょ〝か〟」と間違える人が、わりと多かったことも覚えている。先述した阿久の意図は伝わらないどころか、無視されていたのだ。

しかし、阿久はあえて反論をしなかった。大衆の多くが「去っていった男のため、着てはもらえないセーターを編む女」に感情移入し、アンチが「あんな歌、大嫌い！」と叫べば叫ぶほど『北の宿から』は売上を伸ばし、結果として都はるみに初めての日本レコード大賞をもたらしたのである。

そんな『北の宿から』が大衆に受け入れられるさまを、別の意味で切なく見守る人物がいた。作曲家市川昭介だ。

市川は、都はるみにデビュー当時からレッスンをつけてきた〝師匠〟に当たり、出世作『アンコ椿は恋の花』をはじめ、『涙の連絡船』や『好きになった人』を作曲した人物。デビュー後の約10年は、はるみの成長を見極めながら作品のコンセプトを決めるプロデューサー的な役割も果たしていた。

しかし、長く市川の庇護のもとで歌ってきたはるみの中に、「別の作曲家とも組んでみたい」との思いが芽生えていたのも事実だ。その矢先、昭和47年に市川は日本コロムビアから日本クラウンへレコード会社を移籍。契約上、コロムビア専属のはるみは、市川の新作を歌うことができなくなったのである。

市川には、はるみにできるだけ長く歌い続けてほしいとの思いがあった。何事にも全力でぶつかる真っ直ぐさが、歌手都はるみの最大の持ち味である。その魅力が損なわれないよう、できるだけ若さを保ちながら慎重に歌い手としての年齢を上げていこう……市川はそんな戦略を立てていた。

ところが、〝箱入り娘〟だったはずのはるみは、外の空気に触れた結果、『北の宿から』ではっきりと〝大人の女〟に成長してしまったのである。

市川にしてみれば、手塩にかけた娘を、勝手に大人にされたような、忸怩たる思いがあったという。

しかし、歌のプロとして冷静に見ると、『北の宿から』の歌い方には気になる点があった。はるみに電話した市川は、「言葉の置き方が違うぞ」と伝えて、その場でレッスンを始めたそうである。いくら手を離れても娘は娘。育ての親市川昭介は、歌手都はるみの成功を誰より願っていた。

昭和59年、はるみが「普通のオバサンになりたい！」と引退宣言を行った際も、市川ははるみの決断を責めることなく「お前は辞められていいなぁ、俺だって辞めたいよ」と笑って受け入れた。それればかりか、『アンコ椿は恋の花』で組んだ作詞家星野哲郎と二人で、はなむけの歌『夫婦坂』を贈るほどの愛情を見せたのである。

さらに、この師弟の物語には続きがある。その後、はるみは若手歌手のプロデュースを行ったりコメンテーターとして活躍していたが、平成元年に女王美空ひばりがこの世を去ったことをきっかけに自分を見つめ直し、「また歌いたい」との思いが抑えきれなくなっていく。

その年の暮れ、NHK紅白歌合戦にスポット参戦し、5年ぶりに『アンコ椿は恋の花』を披露することが決まったはるみは、いつものように市川に事後報告の電話をかけた。すると、市川は驚きもせずこう返したという。

「お、そうか。じゃ、レッスンしよう」

横須賀ストーリー（昭和51年）

作詞：阿木燿子　作曲：宇崎竜童　歌：山口百恵

これっきり　これっきり
もうこれっきりですか
これっきり　これっきり
もうこれっきりですか

街の灯《あか》りが映《うつ》し出す
あなたの中の　見知らぬ人
私は少し　遅れながら
あなたの後《うしろ》　歩いていました
これっきり　これっきり

もうこれっきりですか
これっきり　これっきり
もうこれっきりですか

急な坂道　駆《か》けのぼったら
今も海が　見えるでしょうか
ここは横須賀

昭和50年代の歌謡界をひと言で表現すれば「百花繚乱」。テレビでは毎日のように歌番組が放送され、従来の歌謡曲とフォークソングやニューミュージックの融合も進み、その幅と奥行きはとめどなく広がり続けた印象がある。

その中で大きな勢力を形成していたのが、昭和46年にスタートしたオーディション番組「スター誕生！」（日本テレビ系）から生まれた10代のアイドル歌手たちだ。

作詞家阿久悠らが審査員を務め、「テレビ時代のスターを生み出す」コンセプトで始まった番組（通称「スタ誕」）は、当時13歳ながら第1回決戦大会で優勝した森昌子を皮切りに、多様な10代アイドル歌手を輩出していった。

そんな「スタ誕」出身歌手の中で、時代を象徴する存在として人々の記憶に刻まれた歌手が山口百恵である。百恵は、昭和47年に「スタ誕」に出場し、第5回決戦大会で準優勝。『としごろ』でデビューしたあと、2曲目の『青い果実』からいわゆる〝青い性〟路線で注目を集め、昭和49年の『ひと夏の経験』で一つのピークを迎えた。

あなたに女の子の一番
大切なものをあげるわ
小さな胸の奥にしまった
大切なものをあげるわ

『ひと夏の経験』より

同い年の桜田淳子が「太陽」のような明るさで人気を集めていたのに対し、百恵の存在はよく「月」に喩えられた。そんな百恵も高校3年生となり、大人の女性イメージへの脱皮を模索していた頃、鮮烈な歌が世に現れた。

一寸前なら憶えちゃいるが
一年前だとチト判らねエなあ
髪の長い女だって　ここにゃ沢山いるからねエ

『港のヨーコ・ヨコハマ・ヨコスカ』より

昭和50年にダウン・タウン・ブギウギ・バンドが歌った『港のヨーコ・ヨコハマ・ヨコスカ』。作曲はボーカルを務めた宇崎竜童、作詞は阿木燿子。阿木は宇崎の妻であり、これが実質的なデビュー作品だった。この歌を聴いて「宇崎さんと阿木さんの曲を歌ってみたい」と言い出したのは、山口百恵本人だったという。

『港のヨーコ・ヨコハマ・ヨコスカ』が大ヒットしたとはいえ、作詞のノウハウをほとんど持たないまま表舞台に飛び出た阿木にとって、トップアイドルから依頼を受けるのはまさに〝青天の霹靂〟。しかも、当時30代の阿木と17歳の百恵の間には、共有できる要素が何もないように思えた。

それでも懸命に共通点を探っていくと、百恵は神奈川県横須賀生まれで、阿木の両親も横須賀在住という事実が判明した。

さあ、横須賀をテーマに歌を書くぞと方針は決まったものの、そこから産みの苦しみが始まる。

百恵が所属していたレコード会社はＣＢＳ・ソニー。その頃、百恵のライバルと目されたピンク・レディーはビクター音楽産業の所属。折しもそれぞれのレーベルの親会社であるソニーとビクターは、家庭用ビデオデッキの規格（ベータ対ＶＨＳ）で激しい主導権争いを繰り広げていた。「ピンクに負けるな！」と現場に厳しいプレッシャーがかけられていたことは想像に難くない。

そうした苛烈な状況の中、阿木曰く「毎日雨乞いのように〝言葉乞い〟をして、七転八倒して書き上げた」作品が『横須賀ストーリー』だった。

これっきり　これっきり
もうこれっきりですか

冒頭から、印象的なサビをくり返して一瞬で聴き手を作品世界に引きずり込む。『港のヨーコ・ヨコハマ・ヨコスカ』で「アンタ　あの娘の何んなのさ！」へとつながるギターのバッキング要素が、短いイントロにも組み込まれており、それが「横須賀」のイメージ喚起に貢献している。

この『横須賀ストーリー』が認められたことで、阿木燿子・宇崎竜童のコンビは山口百恵に5年間で79編の楽曲を提供。21歳という若さで百恵が引退するまで、彼女の絶頂期を〝同志〟として共に駆け抜けていくことになる。

勝手にしやがれ（昭和52年）

作詞：阿久悠　作曲：大野克夫　歌：沢田研二

壁《かべ》ぎわに　寝《ね》がえりうって
背中《せなか》できいている
やっぱりお前《まえ》は　出てゆくんだな
悪《わる》い事《こと》ばかりじゃないと　想《おも》い出《で》かき集《あつ》め
鞄《かばん》につめこむ　気配《けはい》がしてる
行《い》ったきりなら　幸《しあわ》せになるがいい
戻《もど》る気《き》になりゃ　いつでもおいでよ
せめて少《すこ》しは　カッコつけさせてくれ
寝《ね》たふりしてる間《ま》に　出て行ってくれ
アア　アアア　アアア……

Ⓒユニバーサル ミュージック

昭和40年代前半に、わずか数年で終焉を迎えたGSブーム。しかし、そこからは多彩な人材が生き残り、歌謡界に大きな流れを形成した。その中で、ソロ歌手として最も成功したのは、〝ジュリー〟こと沢田研二だろう。

ただし、沢田のソロ歌手としての船出は決して順風満帆ではなかった。昭和46年のソロ・デビュー曲『君をのせて』は、今でこそ名曲と評価されているものの、ザ・タイガース時代に絶大な人気を誇ったジュリーにすれば、満足のいく成果とは言えなかった。ようやくヒットチャート1位を獲得したのは、6枚目のシングル『危険なふたり』から。10枚目の『追憶』が出たあたりになると、沢田の歌唱力、表現力が一般にも認知されるようになっていた。

そして、昭和50年のドラマ「悪魔のようなあいつ」(TBS系)の主題歌『時の過ぎゆくままに』のヒットが、大きなエポックとなる。この主題歌は、阿久悠が詞を書き、作曲家はコンペで決定される形を取った。参加したのは井上大輔、井上堯之、都倉俊一、加瀬邦彦、荒木一郎、大野克夫という第一線で活躍する作曲家ばかり。その中で、最も早く曲を仕上げたのが大野克夫だった。

ザ・スパイダースでオルガンやキーボードを担当した大野は、GSブームのあと「井上堯之バンド」に参加しながら作曲家としても活躍。テレビドラマ「太陽にほえろ！」「傷だらけの天使」の主題歌（インストゥルメンタル）で注目を集めていた。

時の過ぎゆくままに　この身をまかせ
男と女が　ただよいながら

『時の過ぎゆくままに』より

大野はこの歌詞を読んだ時、すぐにメロディやテンポまで浮かんできたという。早々に帰宅し、打ち合わせの3時間後には仮歌を吹き込んだデモテープを仕上げたというから驚きだ。そのスピード作戦も功を奏して採用が決定。

そこから、阿久悠、大野克夫、沢田研二がタッグを組む路線がスタートする。

阿久悠は、歌手の個性を生かして当て書きするより、自身が表現したいテーマを世間にぶつけるための〝語り部〟として歌手を選ぶ。この頃、阿久が関心を持って見つめていたのは団塊世代の男たちだった。

戦後復興から高度成長時代が続く中、「世界同時革命」の掛け声のもとで学生運動に走った若者たち。その大半は七〇年安保の挫折のあと、あの騒ぎを忘れてしまったかのように日常生活に溶け込み、モーレツ社員ないしはマイホーム・パパに変貌を遂げていた。

阿久には彼らが、心の奥に抱えた学生運動の挫折に蓋をしたまま、会社のため、家族のために働きながら、革命とマイホームの中間あたりで行き場所を失い、右往左往しているように見えた。「男らしさ」という言葉が徐々に形骸化してゆく時代、同時に「男」のプレゼンスが下がり始める時代でもあった。

団塊の男たちは生き方を選び間違えたのかもしれない。今さらどうしようもないという思いの中で、彼らがたどり着いた境地は〝やせ我慢〟ではないか。それが阿久の見立てだった。

そんなやせ我慢を、画になるカッコよさと優しい心遣いで表現してくれる語り部に沢田研二を選んだ。

さよならというのもなぜか
しらけた感《かん》じだし
あばよとサラリと　送《おく》ってみるか

往年のフランス映画からタイトルを拝借した『勝手にしやがれ』。ところが、『時の過ぎゆくままに』とは対照的に大野の曲づくりは難航。締切ギリギリであの印象的なイントロが思い浮かび、一気に書き上げたという。編曲家船山基紀のアレンジでスタイリッシュに仕上がったこの歌は、昭和52年の日本レコード大賞をはじめ、各賞を総ナメし、歌手沢田研二の代表作となった。

その後、『憎みきれないろくでなし』『サムライ』『ダーリング』『LOVE（抱きしめたい）』『カサブランカ・ダンディ』と、昭和52年から54年にかけて阿久・大野・沢田のトリオが繰り出した作品は、もれなくヒットチャートの上位を賑わした。中でも、『カサブランカ・ダンディ』は滅びゆく〝ダンディズム〟への憧憬を前面に押し出した。

ここに至り、阿久悠は沢田研二という語り部を使って表現できることをやり尽くしたのかもしれない。

そして今や、男のやせ我慢とダンディズムは死語となりつつあるのだった。

津軽海峡・冬景色（昭和52年）

作詞：阿久悠　作曲：三木たかし　歌：石川さゆり

上野発《うえのはつ》の夜行列車《やこうれっしゃ》　おりた時から
青森駅は雪の中
北へ帰る人の群《む》れは　誰も無口《むくち》で
海鳴《うみな》りだけを　きいている
私もひとり　連絡船に乗り
こごえそうな鴎《かもめ》見つめ泣いていました
ああ津軽海峡・冬景色

阿久悠の作詞技法を「極めてテレビ的」と評する声は多い。実際、阿久本人もそのことを意識していたようだ。

どこがどうテレビ的なのか、それは「カット割り」と呼ばれる手法をイメージしながら詞が構成されているためだ。

昔ながらの歌謡曲は言わば「一人称」で語られている。乱暴に言ってしまえば、カメラ1台の「1《ワン》キャメ」で撮られた映画のようなものだ。

ところが、阿久が書く詞は1フレーズごとに視点が変わり、複数のカメラで細かくカットを割った「テレビドラマ」的な構成を取っている。

例えば『津軽海峡・冬景色』で、構成を分解してみると……

1番の歌詞、最初の2行は青森駅に降り立つ女の全身ショットから入る。

上野《うえの》発《はつ》の夜行列車《やこうれっしゃ》　おりた時から
青森駅は雪の中

次の2行では、海鳴りを聞く無口な人々の群れが引きの画で描かれる。

北へ帰る人の群《む》れは　誰も無口《むくち》で
海鳴《うみな》りだけを　きいている

続く2行で、カメラが一気にクローズアップしてヒロインの涙を押さえて、

私もひとり　連絡船に乗り
こごえそうな鴎《かもめ》見つめ泣いていました

最後に、カメラは一気に引いて、かもめ飛び交う冬の津軽海峡を映す。

ああ津軽海峡・冬景色

阿久は、作詞家になる前は広告代理店の社員で、数多くのテレビ番組やラジオ番組の企画を担当しており、約7年間の会社員時代に、数百本の企画書を書いたという伝説もある。その間、テレビ的なカット割りで歌を構築する技術を身に付けたのだろう。

また、歌番組では、大体8小節ごとのワンフレーズでカメラを切り替えることが多い。そのカメラ割りと歌の構成がシンクロしていれば、見ている視聴者も気持ちいいし、局側も画を作りやすい。だから番組への起用も増えるというカラクリだ。歌や歌手自体の魅力に加え、そうした相乗効果がテレビ時代のヒット曲量産を後押ししていたのである。

そして、この『津軽海峡・冬景色』を歌ったことで、石川さゆりの歌手人生は大きく変わった。

この曲と出会うまで、石川は飛び抜けたヒット曲のない若手歌手だった。同世代には、日本テレビの「スター誕生!」出身で、文字通りテレビ時代が生んだアイドル、森昌子、桜田淳子、山口百恵がいた。いくら歌唱力があってもライバルたちの背中は遠かった。

そんな足踏みをしていた石川に起死回生のチャンスを与えるべく、阿久は作曲家三木たかしと組んで、『365日恋もよう』というLPを企画した。

1月から12月をテーマにした12曲の作品を通じて、少女から大人の女に成長する石川の姿を描いたコンセプトアルバムで、12月の最後の曲が『津軽海峡・冬景色』だった。これはメロディを先に作る「曲先」で書かれ、阿久は三木に「最後のフレーズは『津軽海峡・冬景色』で終わってほしい」とだけ注文をつけたという。

この作品の性格を決定づけたのは、三木たかし自身の編曲によるイントロだろう。「ダダダーン……」とドラムとコーラスが奏でるこのリズムに、どこか聞き覚えはないだろうか。

そう、あのベートーヴェンの交響曲第5番『運命』の冒頭部分だ。俗に「運命のモチーフ」と呼ばれている「ダダダダーン」は、クラシック音楽に限らず、この場面で運命が変わる「ここぞ！」という時に、作曲家が用いるとっておきの武器でもある。

アイドル路線から抜け出せない実力派歌手が、少し背伸びをして大人の演歌歌手に生まれ変わる。まさに作曲家の狙い通り、石川の「運命」を変える曲となったのである。

この曲が作られた昭和52年当時、上野駅から青森駅を目指す夜行列車は、定期列車だけで14本も運転されていた。所要時間は最も速い寝台特急でおよそ9時間。12時間以上かかる客車急行もザラにあった。そこでかかる時間の長さが詩情やドラマを醸成し、終着駅に降り立つ主人公の姿が画になっていた。

しかし今、東京～新青森間は最速の新幹線だと3時間を切る。少し物思いに耽っている間に終点に到着してしまうのだから、もはや旅というより単なる移動だ。

旅らしい旅ができた時代へのノスタルジーも、この曲が息長く愛される理由の一つかもしれない。

時には娼婦のように（昭和53年）

作詞・作曲：なかにし礼　歌：黒沢年男

時には娼婦のように　淫《みだ》らな女になりな
真赤《まっか》な口紅《くちべに》つけて　黒い靴下《くつした》をはいて
大きく脚《あし》をひろげて　片眼《かため》をつぶってみせな
人さし指で手まねき　私を誘《さそ》っておくれ
バカバカしい人生《じんせい》より
バカバカしいひとときが　うれしい　ム………
時には娼婦のように　たっぷり汗《あせ》を流《なが》しな
愛する私のために　悲しむ私のために

提供：日本コロムビア

なかにし礼は膨大な数のヒット曲を残した大作詞家だが、一個人としても、何冊も小説が書けるような波乱万丈の人生を送った。彼の人生を翻弄した最大の足かせが、兄正一の存在だった。

14歳年上の兄は、自称「特攻隊の生き残り」で、復員してからも家族の安寧を常に脅かし続けてきた。

昭和23年の春、当時家族で暮らしていた北海道小樽の家を担保に、兄は大金を借りてニシン漁に突っ込んだ。網元から3日間の網を買い、そのうち1日でも大漁があれば元手は10倍に膨れ上がるという大バクチだ。もちろん、不漁なら注ぎ込んだ金は泡と消える。

1日目、2日目とニシンは姿を現さない。だが3日目、海を乳色に染めてニシンの大群がやって来た。

当時9歳のなかにしは家族とともに歓喜の声を上げた。ところが、欲をかいた兄は少しでも高く売れる本州の港まで運ぼうとして時化に遭い、ニシンは海に捨てざるを得なかった。こうして一家は住む家を失ったのである。

そのニシン漁の興奮と絶望を描いた歌が、昭和50年の『石狩挽歌』だ。

あれからニシンは
どこへ行ったやら
破れた網は　問い刺し網か

『石狩挽歌』より

その後、なかにしが作詞家として成功すると、兄は当たり前のように金をせびり、事業を始めてはなかにしに出資させ、放漫経営で倒産するという所業をくり返した。ある時、兄が手がけたゴルフ場経営の失敗で数億円の借金を背負わされ、なかにしは自分の会社まで倒産させる羽目に陥る。

債権者たちがオフィスから机や椅子などを持ち出すその脇で、なかにしは「どうにでもなれ」という気分でギターをかき鳴らしながら歌を作り始めた。取り憑かれたように歌を書いていると、次から次へとアイディアが浮かんでくる。そのうちの一曲が『時には娼婦のように』だ。

バカバカしい人生《じんせい》より
バカバカしいひとときが　うれしい

ある程度まとまった数の歌ができると、以前、吉田拓郎（当時はフォーライフ・レコード社長）から「アルバムを作ってみない？」と誘われたことを思い出した。全12曲をなかにしが自作自演したアルバムは『マッチ箱の火事』のタイトルで発売された。

しばらくすると『時には娼婦のように』が有線放送のリクエスト上位に入り始める。レコード会社は「ぜひシングルカットを」となかにしに依頼したが、本職でない自分が歌うより、別の誰かが歌うべきだと感じた。

実は、『時には娼婦のように』を書いた直後、歌手・俳優の黒沢年雄（当時は年男）のイメージに合うと感じて、本人に勧めたことがある。だがその時は、「こんないやらしい歌は気が進まない」と黒沢に一度断られている。

だが今回、地方の有線放送から火がついて話題になっていることを伝えると、黒沢はあっさりと快諾。さらに、なかにし本人の歌もシングルカットされ、同日発売することが決まった。

すると、斬新な歌詞の内容が大きな反響を呼び、黒沢となかにしの両方を合わせ、売上100万枚を超えるミリオンヒットとなったのである。

巷には、まるで去勢されたような「優しさと切なさ、愛と青春」などの世界観を歌うフォークソングがあふれていた。

なかにしはそうした風潮に反発し、「人間には下劣さやどす黒い部分だってある」との思いから、アンチフォークの歌を、フォークの帝王吉田拓郎が社長を務めるフォーライフ・レコードから出したかった、とのちに語っている。

この『時には娼婦のように』が日の目を見る直前、兄と同居していたなかにしの母よきが73歳で亡くなった。40代で脳溢血に倒れてから半身不随の生活を続けてきた母だったが、寝たきりの母の存在が、世話をしてくれている兄への後ろめたさにつながっていた。

だが、母を亡くして塞ぎ込んでいる兄が、なかにしにはなぜか小さく見えた。これを機に、なかにしは兄と決別し、自分のために生きようと決めたのである。

『時には娼婦のように』は、母からの最後の贈り物かもしれない、なかにしはそう感じた。

微笑がえし（昭和53年）

作詞：阿木燿子　作曲：穂口雄右　歌：キャンディーズ

春一番が　掃除したてのサッシの窓に
ほこりの渦を踊らせてます
机本箱　運び出された荷物のあとは
畳の色がそこだけ若いわ
お引っ越しのお祝い返しも
済まないうちに　またですね
罠にかかった　うさぎみたい
イヤだわ　あなた　すすだらけ
おかしくって　涙が出そう
1（ワン）　2（ツー）　3（スリー）　あの三叉路で

1（ワン）　2（ツー）　3（スリー）　軽く手を振り
私たち　お別れなんですよ

歌謡界を全力で走り抜け、完全燃焼で舞台を降りた「キャンディーズ」。昭和40年代半ば、伊藤蘭（ラン）、藤村美樹（ミキ）、田中好子（スー）の3人は、渡辺プロの運営するタレント養成学校東京音楽学院で出会った。「スクールメイツ」の一員に選ばれ、昭和47年にNHK「歌謡グランドショー」のマスコットガールに抜擢。この時に「キャンディーズ」の名を授かる。

昭和48年に『あなたに夢中』でデビュー。人気番組「8時だョ全員集合！」にレギュラー出演して知名度はあったものの、今ひとつ殻が破れなかった。

転機となったのは、5枚目のシングル『年下の男の子』でセンター・ボーカルをスーからランに替えたこと。ライヴでのファンの反応を見てランをセンターに抜擢したのは、初代チーフ・マネージャーの諸岡義明である。

その後、昭和51年発売のシングル『春一番』はヒットチャート3位まで上昇したものの、ちょうどその頃、累計500万枚以上を売り上げた『およげ!たいやきくん』がトップにいたという不運もあった。

そして、2代目チーフ・マネージャーの大里洋吉（現アミューズ会長）と出会ったことで、キャンディーズの活動は変化し始める。大里は3人に、ハイレベルなライヴのパフォーマンスを要求。当初は反発していた彼女たちも熱狂したファンと一体化する感動を体験し、大里の厳しい要求に応えていった。

彼女たちの凄さは、だからといって従来のテレビの仕事をおろそかにしないことだ。「みごろ!たべごろ!笑いごろ!」（テレビ朝日系）のコントで、弾けた笑いを取っていた彼女たちの姿を覚えているファンも多いだろう。

その〝いつでもどこでも何にでも全力投球〟の姿勢が、逆に自らを苦しめたのかもしれない。超多忙なスケジュールを機械のようにこなす毎日。全力で取り組みながらも湧き上がる疑問と不安。もっと一人の大人として扱ってほしいのに……。そんな胸の内を、唯一明かしていたマネージャーの大里も、やがて自らの夢を実現させるため渡辺プロを退社してアメリカに渡ってしまう。

そんな中で迎えた昭和52年の全国ツアー「サマージャック77」の初日、場所は日比谷野外音楽堂。追い詰められた3人は、あの解散宣言を敢行した。

「普通の女の子に戻りたい！」ランの叫びは、引退して普通の暮らしに戻るというより、自分の人生を自分に取り戻したいという魂の訴えだった。

当初はファンも混乱し、3人の行動を「身勝手だ」と批判したが、彼女たちの真意を理解するファンは少しずつ増えていく。その中心になったのが私設応援団「全国キャンディーズ連盟（全キャン連）」で、「キャン（3人のこと）の意思を尊重して、解散まで力一杯応援しよう！」とファンに呼びかけ、その輪が広がっていったのである。

解散コンサートは昭和53年4月に決定。スタッフとファンが一丸となってキャンディーズをサポートし、それまでにやり残したこと全てを実現させようと動いた。ミキを初めてセンター・ボーカルに置いたシングル『わな』の発売もその一つ。最後に残った課題が「ヒットチャートの1位獲得」だった。

タンスの陰で心細げに　迷い子になった
ハートのエースが出てきましたよ

17枚目のシングル『微笑がえし』は、支えてくれたファンへの「ありがとう」の思いを込め、ヒット曲のタイトルをちりばめて作られた。それに対する応えとして、ファンはキャンディーズに1位をプレゼントしようとしたのである。

その思いは実り、解散直前の昭和53年3月に『微笑がえし』は1位を獲得。翌4月4日、後楽園球場を舞台に前代未聞のスケールで「ファイナル・カーニバル」を開催。全52曲の演奏を果たすと、3人は「私たちは幸せでした」とメッセージを残してステージを降りた。わずか5年の活動期間だった。

筆者は、キャンディーズが解散することが決まってから、突如喪失感に襲われてレコードを集め始めた〝遅すぎた〟ファンの一人。解散間際に出演したテレビ番組で、3人が即興で響かせたハーモニーの美しさが今も忘れられない。

悲しいことに、最年少のスーは天国に召されてしまったが、ランは41年ぶりに歌手活動を再開した。あの美しさと歌声が今も変わらないのはさすがだ。

そして、〝ミキ派〟の筆者としてはミキが心穏やかに暮らしていることを祈りつつ、キャンディーズの3人に、ただ「ありがとう」の言葉を贈りたい。

魅せられて（昭和54年）

作詞：阿木燿子　作曲：筒美京平　歌：ジュディ・オング

南にむいてる　窓をあけ
ひとりで見ている　海の色
美しすぎると　こわくなる
若《わか》さによく似《に》た　真昼《まひる》の蜃気楼《しんきろう》
Wind is blowing from the Aegean
女は海
好きな男の　腕《うで》の中でも
ちがう男の　夢を見る
Uh――Ah――Uh――Ah――
私の中で　お眠《ねむ》りなさい

提供：（株）ソニー・ミュージックレーベルズ

Wind is blowing from the Aegean

女は恋

人は人生の中で〝究極の選択〟を求められることがある。果たしてその選択で良かったのかどうか、一生迷い続ける人は多いかもしれない。

一人の女性歌手が、世界的な成功の見込めるオファーを断り、ファンのために日本で歌う道を選んだ。その歌手の名は、ジュディ・オング。

台湾出身のジュディは、幼い頃に父親の仕事の都合で来日したあと、劇団ひまわりに入団して子役としてデビュー。映画やテレビに出演しながら歌手としても活動し、プライベートでは得意な語学を生かして上智大学に進学。才色兼備なマルチタレントのはしりとして活躍していた。

その半面、決定的な代表作・ヒット作と言えるものがなく、20代以降は時代劇への出演が増え、地味な印象を持たれがちだった。

そんなジュディに、歌手としての才能を見出したのが、当時CBS・ソニーのプロデューサーで、山口百恵を担当したことで知られる酒井政利だった。

昭和52年、大手広告代理店が「南太平洋 素足の旅」という船旅を主催した。横尾忠則、浅井慎平、池田満寿夫、阿久悠ら錚々たるクリエイターが参加し、サモアやイースター島を巡りながら、隔絶された環境の中で得た発想をそれぞれの創作に生かそうという主旨だった。その船に酒井も乗り込んでいた。

実際にツアーのあと、南の島で啓発を受けた池田満寿夫は、芥川賞を受賞した自作『エーゲ海に捧ぐ』を映画化に導いた。また、参加者の一人が「まるで時間が止まっているようだ」と口にしたところからキャッチコピーができ、矢沢永吉の大ヒット曲『時間よ止まれ』が生まれたという逸話もある。

そんな中で酒井も大いに刺激を受け、いくつか創作アイディアを持ち帰ったという。その後、大手アパレルメーカーからエーゲ海を舞台にしたCMのイメージソングのオファーを受けると、旅の中で〝母なる海〟の偉大さを実感していた酒井は、作詞家阿木燿子に「女性が優位に立った男女の性」をテーマに作詞を依頼。作曲を任された筒美京平は、生のストリングスを幾重にも重ねた絶妙なオーケストレーションを施し、エーゲ海の青い海と白い壁を想起させる名曲『魅せられて』が出来上がった。

南にむいてる　窓をあけ
ひとりで見ている　海の色

だが、レコーディングは難航した。ジュディは、16分音符が続く冒頭の部分にうまく歌詞を乗せられず、日を改めて何度も録り直しをしたほどだった。
さらに、ジュディを混乱させたのは、後半に出てくるこちらの歌詞だ。

好きな男の　腕《うで》の中でも
ちがう男の　夢を見る

ここまで女の本音をあからさまにした歌は聴いたことがない。ジュディが「どう歌えばいいの？」と阿木燿子に相談すると、こんな言葉が返ってきた。

「いいのよ、しゃあしゃあと歌えば」


こうして難産の末に生まれた『魅せられて』だったが、世に出るまでにはもう一つ大きな山があった。クライアントのアパレルメーカーが、ジュディの起用に難色を示したのである。時代劇への出演が多いジュディと企業イメージが合わないという理由だった。酒井は最後まで抵抗し、結局ジュディ・オングの名前を出さずに〝覆面歌手〟としてCMで使うことで決着を見た。

ところが、名前を出さなかったことで「誰が歌っているんだろう」と視聴者の興味が高まり、問い合わせが殺到。反響の大きさにクライアント側が折れ、晴れてジュディの名がCMにもクレジットされたのである。

昭和54年、紆余曲折の末に発売された『魅せられて』は急激にセールスを伸ばし、売上120万枚を超えるミリオンヒットとなった。

ところが同じ頃、ジュディに米国ハリウッドからテレビシリーズ『SHOGUN～将軍』のヒロイン・マリコ役のオファーが届く。いつか国際的な女優になりたいという夢を抱いてきた彼女にとって、願ってもないチャンスだった。

しかし、『魅せられて』のヒットで撮影スケジュールのやりくりがつかず、結局、ハリウッド行きを断念する決断を下したのである。

その後、同じ年の東京音楽祭のステージで聴衆から万雷の拍手を受けたジュディは、「自分が歌手である」ことを再認識。さらに、年末には日本レコード大賞を獲得。ジュディは今も、自分の選択が正しかったと確信している。

異邦人〜シルクロードのテーマ（昭和54年）

作詞・作曲：久保田早紀　歌：久保田早紀

子供たちが空に向《む》かい　両手《りょうて》をひろげ
鳥や雲や夢までも　つかもうとしている
その姿《すがた》はきのうまでの　何も知らない私
あなたにこの指が　届《とど》くと信じていた
空と大地が　ふれ合う彼方《かなた》
過去からの旅人を　呼んでる道
あなたにとって私　ただの通りすがり
ちょっとふり向いてみただけの　異邦人

提供：（株）ソニー・ミュージックレーベルズ

「歌の素晴らしさは何か」と問われれば、一瞬にして世界中のどの場所にでも旅に出られることだと答えたい。その気になれば、まだ人類が到達できていない未知の領域にまでたどり着けるのが歌の世界だ。

昭和54年のヒット曲に『異邦人』がある。CMソングとして人気に火がつき、ヒットチャートの1位に上りつめたこの歌はシンガー・ソングライター、久保田早紀のデビュー曲。「シルクロードのテーマ」の副題通り、遠い異国への旅情をかき立ててくれる名曲だが、実は意外な場所で産声を上げていた。

当時の久保田は、都内の短大に通うごく普通の女子大生。ユーミンに憧れていた久保田は、自宅で愛用のアップライト・ピアノを弾きながら、シンガー・ソングライターさながらに、まるで日記のように作品を書き溜めていた。

短大の2年間はあっという間だ。このまま就職、結婚というレールの上を進み、誰にも評価されずに人生を終えたくない……。そんな思いに駆られた久保田は自作の曲をカセットテープに録音し、たまたま見つけたコンテストに応募した。

ところが、それは「ミス・セブンティーン・コンテスト」というアイドル発掘のイベントだった。勘違いに気づいた久保田は出場を辞退したが、ニューミュージック全盛の時代に、主催者側はピアノを弾き語りする女子大生の参加を大歓迎。久保田は場違いな空気を感じながらコンテストに参加したものの、結局、賞を受け取ることなくその日が終わったのだった。

しかし、数日後、会場で久保田の歌を聞いていたCBS・ソニーの女性ディレクター金子文枝から電話がかかってきた。

「あの時に歌った曲以外にもまだある？」

金子は、久保田の歌の中に新たな可能性を感じたのである。それから、短大の帰りに市ヶ谷にあるCBS・ソニーのオフィスへ立ち寄り、金子に自作の曲を見せては書き直しを命じられる日々が続いた。

当時、八王子在住だった久保田は中央線に乗って通学していた。ふと窓の外を見ると、線路沿いの空き地で無心に遊ぶ子どもたちの姿が目に止まった。

子供たちが空に向《む》かい　両手《りょうて》をひろげ

忘れないようにとメモした言葉に、自宅に帰ってからメロディを乗せて『白い朝』という歌が出来上がった。フォークでもニューミュージックでもない不思議な曲調の歌を、久保田は軽い気持ちで金子に届けたという。

すると、事態は思わぬ方向に進み始める。金子の上司で数々のヒット曲を手がけてきたプロデューサー酒井政利が、『白い朝』に目を留めたのだ。

酒井は、その少し前に参加した南太平洋への船旅（※『魅せられて』の項を参照）で創作のインスピレーションをいくつか得ており、「『エーゲ海』の次は『シルクロード』がヒットする！」と予言していた。そして、『白い朝』を〝シルクロード〟をテーマにして書き直すよう、久保田に命じたのである。

中央線の車窓から見た現実を、どうすればシルクロードの世界へ飛ばせるのか……。

久保田は、以前イランに駐在していた父親からもらった絵葉書や、土産にもらったトルコ石、果てしなく広がる中央アジアの草原の写真を眺めて空想の旅に耽りながら、シルクロードのイメージを詞に落とし込んでいった。

空と大地が　ふれ合う彼方《かなた》
過去からの旅人を　呼んでる道

出来上がった作品は、シルクロードのイメージを強めるため、『異邦人』とタイトルを変更。シングル発売に先駆け、三洋電機のＣＭソングとなってお茶の間に流れると、大きな反響を呼んだ。

編曲家萩田光雄の手によるエキゾチシズムあふれるアレンジも効果的だった。弦楽器が奏でるイントロに中東の民族楽器「ダルシマー」が加わり、シルクロードの世界が見事に再現されている。

さらに、突如として現れた新人歌手久保田早紀の神秘的な美貌と、無垢な歌声が『異邦人』というタイトルとの相乗効果をもたらした。最終的に売上140万枚を超えるミリオンヒットとなったのである。

ほんの数カ月の間に、一般家庭のお嬢さんから大ヒット歌手へと変身を遂げた久保田早紀。その後はわずか6年間の歌手活動を経て、結婚を機に引退へ。

現在は本名の久米小百合名義で、キリスト教の伝道者として音楽を交えた活動に取り組んでいる。

舟唄（昭和54年）

作詞：阿久悠　作曲：浜圭介　歌：八代亜紀

お酒はぬるめの　燗《かん》がいい
肴《さかな》はあぶった　イカでいい
女は無口《むくち》な　ひとがいい
灯《あか》りはぼんやり　点《とも》りゃいい
しみじみ飲めば　しみじみと
思い出だけが　行《ゆ》き過《す》ぎる
涙がポロリと　こぼれたら
歌いだすのさ　舟唄を

歌手八代亜紀が司会を務めるテレビ番組「八代亜紀 いい歌いい話」（BS11）の中に、「歌の贈りもの」というコーナーがある。

各界で活躍する著名人や市井で技を極めた職人、地域に愛されている商店主など話題の人を八代亜紀が訪ね、エピソードトークをした上で、最後に「思い出の歌」をプレゼントするという内容だ。歌にまつわる思い出に浸りながら、目の前で聴く八代の生歌（ギター伴奏付）に涙する出演者も多い。

その「思い出の歌」は八代の持ち歌に限らず、昭和歌謡の名曲からポップスのスタンダード曲まで幅広い選曲がされているのだが、最も登場頻度の高い作品が『舟唄』である。出世作の『なみだ恋』やレコード大賞を獲得した『雨の慕情』など、実績やセールス面で『舟唄』に勝る作品は他にもある。

だが、一般の人々には「八代亜紀といえば『舟唄』」だと、ほぼ一体化したイメージが出来上がっているようだ。

ところが、この作品が誕生したいきさつを紐解けば、八代とは別の歌手を想定して作られていた事実にたどり着く。

昭和50年、スポーツニッポン紙上で、「阿久悠の実戦的作詞講座」という連載記事がスタートした。実際に12人の歌手に当て書きをする形で、阿久悠の思考や戦略、作詞術を余すところなく公開しようという意欲的な取り組みだった。阿久は選評するだけでなく、自分も実際に詞を書いた。

その最終回となる12人目の想定歌手が美空ひばり。『舟唄』は、阿久が「美空ひばりにならば、僕はこう書く」と、読者に提示した見本として生まれた作品である。

連載終了後、見本だった『舟唄』の詞は当時スポニチの担当記者だった小西良太郎のデスクにしまい込まれた。その存在を聞きつけた作曲家浜圭介が「ぜひ作曲したい」と名乗り出て、阿久の承諾を得た上でメロディがつけられる。

ただし、歌謡界の女王美空ひばりは「曲を作ったので歌ってください」と持ちかけられるような、軽い存在ではない。小西は「タイミングを計って話してみるから」と浜を納得させ、そのまま譜面を預かることになった。

数年が経ち、今度は阿久悠と浜圭介がコンビを組んで八代亜紀に曲を提供する企画が持ち上がる。稀代のヒットメーカーである阿久が八代と組むのは初めてのこと。しかし、互いに力が入りすぎたせいか、なかなか作品が決まらない。

そんな折、相談を受けた小西は、自分のデスクに阿久と浜の作品である『舟唄』が眠っていることを思い出した。試しに譜面を関係者に見せたところ、その出来栄えに誰もが納得。こうして『舟唄』は、八代亜紀の歌として世に送り出されることになったのである。

この歌は、語り部が男のいわゆる〝男歌〟。八代が男歌をシングル曲にするのは初めてだった。八代のハスキーな歌声と感情を抑えた歌唱が、一人飲みする男の含羞を巧みに表現している。そうした歌の性格もあるのか、人気に一気に火がつくというより、盛り場やカラオケを中心にじわじわと浸透するという売れ方をして、息の長いヒット曲となった。

そして『舟唄』といえば、曲中に挿入された『ダンチョネ節』も印象深い。

沖の鴎《かもめ》に深酒《ふかざけ》させてヨ
いとしのあの娘《こ》とヨ　朝寝《あさね》するダンチョネ

『ダンチョネ節』は大正時代に歌われた作者不詳の流行歌。手酌で飲んでいた男が寂しさを紛らわすように、ふと『ダンチョネ節』を口ずさむシーンが、映像としてありありと浮かび上がってくる。

また、『舟唄』は八代の持ち歌であると同時に、倉本聰原作、高倉健主演の映画「駅STATION」の挿入歌としても知られ、印象に残るシーンに使われてさらにファンを増やした。

産声を上げた経緯はどうあれ、今や『舟唄』は歌手八代亜紀の分身となって、彼女の思いを日本全国に届けているのである。

ところで、『舟唄』がヒットした昭和54年は、携帯音楽プレーヤー「ウォークマン」が発売された年でもある。これを機に、音楽はラジオやテレビ、ステレオで家族みんなが聴くものから、ヘッドフォンで個人が楽しむものへと徐々に変容していくことになる。阿久悠は当時から、携帯プレーヤーでの音楽鑑賞を、まるで〝点滴〟のようだと評していた。

こうした環境の変化が音楽文化や歌謡曲の質にどんな影響を与えるのか、この頃はまだ誰にも予測できていなかった。

昴—すばる—（昭和55年）

作詞・作曲：谷村新司　歌：谷村新司

目を閉《と》じて何も見えず
哀《かな》しくて目を開《あ》ければ
荒野《こうや》にむかう道より
他《ほか》に見えるものはなし
ああ　砕《くだ》け散《ち》る　宿命《さだめ》の星たちよ
せめて密《ひそ》やかに　この身《み》を照《て》らせよ
我は行《ゆ》く　蒼白《あおじろ》き頬《ほほ》のままで
我は行く　さらば昴《すばる》よ

発売元（株）ポリスター

よく「歌に国境はない」と言われる。たとえ意味がわからなくても、歌い手が想いを込めてメロディに乗せた歌詞は不思議と相手に伝わるものだ。そうした〝力〟を持った作品が、「スタンダード」と呼ばれる存在になっていくのだろう。谷村新司が昭和55年に発表した『昴―すばる―』もそんな歌の一つだ。

昭和40年代に、関西カレッジ・フォーク界で絶大な人気を誇った「ロック・キャンディーズ」を経て、昭和47年に堀内孝雄、矢沢透とともに「アリス」を結成した谷村新司。堀内とのツイン・ボーカルによるパワフルなフォーク・ロックで名を上げ、『今はもうだれも』『冬の稲妻』『チャンピオン』など大ヒット曲を飛ばしていた。

また、谷村は昭和50年代に入るとアリスと並行してソロ活動に乗り出す一方で、他のアーティストへの作品提供も開始。昭和53年に山口百恵が歌った『いい日旅立ち』は、国鉄（当時）のキャンペーン・ソングに採用され、作り手としての評価を大いに高めた。

そんな谷村の歌づくりはちょっと変わっている。ピアノやギターを使ってメロディラインやコード進行を探りながら徐々に形にしていくタイプでも、原稿用紙に向かって詞を書き上げ、そこから立ち上るメロディを捉えるタイプでもないらしい。

谷村の場合は、メロディが〝閃き〟のように突如として体の中に響き渡り、大半の場合はそこにもう歌詞が乗っているというのだ。ただし、その閃きは一瞬のもの。「あとで書き留めればいい」と思って記録を怠ると、その歌は二度と再現できないらしい。

そうした閃きは、ある日突然降ってくることもある。

『昴―すばる―』の歌詞とメロディがやって来たのは、谷村が引っ越しをしている最中だった。その時、机や椅子、ソファーはすでにトラックに積み込まれたあとだったため、谷村は床にうつ伏せになって、浮かんできた歌詞とメロディを書き留めたという。

最初に浮かんできたのは、歌詞の最後の部分だった。

我は行《ゆ》く　さらば昴《すばる》よ

「昴《すばる》」とは、おうし座にある「プレアデス星団」の和名で、古代中国では繁栄をもたらす航海の目印となっていたことから「財の星」とも呼ばれていた。その昴に「さらば」と別れを告げるフレーズが真っ先に頭に浮かび、そのあとで次々に浮かぶ言葉やメロディを組み合わせて『昴』は完成した。

ただし、谷村自身も、これまで「アリス」で歌ってきた作品とは歌詞の内容や曲調が異なっていることに、不思議な印象を受けたという。

ちょうどその頃、谷村はウイスキー会社からCMのイメージソングの依頼を受け、この『昴―すばる―』を提供。バックには映画監督熊井啓が中国各地でフィルムに収めた映像が流れることになっていた。その映像に、谷村の生み出したスケールの大きな歌詞と伸びやかなメロディがピッタリと合い、作曲家服部克久が施したアレンジも相まって、CMの範疇では語れないほど優れた映像作品となった。

そして、CMで流れたイメージソングは大きな反響を呼び、昭和55年にシングル化が実現。『昴―すばる―』は谷村のソロ活動最大のヒット曲となる。

当時、谷村に中国を訪れた経験はなかったが、学生時代から『三国志演義』や『水滸伝』を愛読し、一度は中国大陸を訪れてみたいとの憧れはあった。『昴―すばる―』を発表した翌昭和56年、アリスは中国を訪れて北京でコンサートを開催。谷村は万感の思いを込めて『昴―すばる―』を歌った。すると、終演後に多くの歌手が楽屋を訪れ、「あの歌を覚えたい」と頼んできたという。

谷村が口伝《くちづ》てで教えた『昴』は、その後、中国大陸で草の根運動のように少しずつ拡散していく。さらに、平成22年に開かれた上海万博の開会式で谷村が『昴―すばる―』を披露したことで、多くの中国国民に愛される歌となった。

そうした活動と並行して、谷村は音楽を通じて日中の架け橋になりたいと、平成16年には上海音楽学院教授に就任（現在は名誉教授）。音楽の理論や技術でなく、音楽が持つ〝力〟や〝心〟、さらにシンガーとして培った〝ステージづくり〟のノウハウを伝えてきた。

日本人に対する中国人の国民感情は決していいものばかりではない。近年では台湾問題や経済問題など、様々な対立要素が増している。谷村自身、両国の関係悪化によってコンサート中止の憂き目に遭った経験もある。

それでも、谷村は音楽を通じた交流を続けるつもりだという。人と人とのつながりの深さと、音楽が持つ力を信じて……。

矢切の渡し（昭和58年）

作詞：石本美由起　作曲：船村徹　歌：細川たかし

「つれて逃げてよ……」
「ついて　おいでよ……」
夕ぐれの雨が降る　矢切の渡し
親のこころに　そむいてまでも
恋に生きたい　二人です

提供：日本コロムビア

一つのヒット曲が、都会の片隅で消えかかっていた風景を残すことに力を貸し、その歌に関わった数多くの人生に喜びをもたらした。そんな稀有な例を引き起こした歌が『矢切の渡し』である。

ある時、作詞家石本美由起はNHKで放送された「新日本紀行」を見て、東京葛飾の柴又と千葉の松戸を結ぶ「矢切の渡し」が、利用客の減少を理由に廃止間近であることを知った。昭和51年頃のことである。

石本は、瀬戸内海に面した広島県大竹市の出身。高台にある生家からは瀬戸内の島々が見え、渡し船が身近な交通手段だった。

都心から30分ほどの場所に渡し船が残っていたことも驚きだったが、時代の流れに逆らって存続してきた小さな渡し船が消えることに、何とも言えない寂しさを感じた。せめて、何かの形で残してやりたい……。長年、歌づくりに携わってきた石本には「歌に書く」ことしかできない。

数日後、顔を合わせた作曲家船村徹に「矢切の渡し」の話をすると、奇遇なことに船村もその番組を見ていた。二人は意気投合し、さっそく曲づくりに取りかかった。

先に動いたのは石本である。地図を見てみると、そこは川を挟んで西側が東京都（武蔵国）、東側が千葉県（下総国）という、昔の国境《くにざかい》に当たる場所だった。石本は「国境を越える」ことから男女の〝駆け落ち〟をイメージし、様々なしがらみを捨てて恋に生きると決めた男女の姿を歌にした。

「どこへ行《ゆ》くのよ……」

「知らぬ土地だよ……」

石本は、実際に「矢切の渡し」を見に行こうとは思わなかった。映画「男はつらいよ」や小説『野菊の墓』に描かれた渡し船のイメージは、もう頭に入っている。それだけで舞台設定は充分だった。

こうしてできた歌詞に、船村が叙情的で牧歌的なメロディをつけて『矢切の渡し』が完成。さっそく、歌手ちあきなおみのシングル『酒場川』のB面に入ることになった。

ところが、発売してしばらくすると、レコード会社が求める演歌路線を嫌ったちあきが洋楽志向に走り始めた。結果的に、『矢切の渡し』はあまり人前で歌われることなくお蔵入りの状態になってしまったのである。

それから数年後のこと……。大衆劇団の家に生まれ、全国を回る旅役者だった梅沢富美男は、贔屓筋《ひいきすじ》の漫画家石ノ森章太郎に呼び出されてこう言われた。

「いい歌があるから、こんど舞台で踊ってくれないか」

その時、渡された歌が『矢切の渡し』だった。歌を聴き、歌詞を読んだ梅沢は、道行きの歌なので男女二人で踊った方がいいだろうと感じた。兄で座長の梅沢武生が男役なら、女形は自分がやるしかないか……。

実はそれまで、梅沢が女形を演じたことはほとんどなかったという。恩人である石ノ森の頼みに応じて女形で踊ってみたところ、すこぶる評判が良い。その人気は口コミで広がり、テレビドラマ「淋しいのはお前だけじゃない」（TBS系）で取り上げられると、梅沢は「下町の玉三郎」と呼ばれる人気者に。『矢切の渡し』もA面に昇格して再発売されることになった。

ところが、すでにちあきなおみは路線の対立からレコード会社を移籍しており、ヒットは確実なのにプロモーションができない状況だったのである。

そんな時、真っ先に『矢切の渡し』のリメイクを申し込んできたのが細川たかしだった。前年の昭和57年にポップス調の『北酒場』で日本レコード大賞を獲っていた細川には、今度は本格演歌を歌いたい狙いがあった。

結局、レコード会社7社の競作となったものの、先行した細川の一人勝ち状態に。細川の伸びやかな歌声が、駆け落ちする男女の悲壮感よりも、希望を持って旅立つ姿をイメージさせた。それがヒットのツボだったのかもしれない。

細川たかしは、『矢切の渡し』で昭和58年のレコード大賞を獲得。初の2年連続受賞という快挙を成し遂げた。

そして、このヒットのおかげで、実際の「矢切の渡し」は乗客が激増。観光バスのコースにも採用されて存続が決まり、今や柴又観光の欠かせない名所として認知されている。

こうした期待を遥かに超えた成果に、作詞した石本美由起はホッと胸を撫で下ろした。

実は、細川の歌がヒットしたあと、初めて「矢切の渡し」を訪れた石本は、ものの2、3分で向こう岸に着いてしまう渡し船を見て愕然としたそうだ。あんなに〝短い〟渡し船を実際に見ていたら、「駆け落ち」という発想にはならなかったに違いない。

「ああ、詞を書く前に見なくてよかった」

恋におちて〜Fall in Love〜（昭和60年）

作詞：湯川れい子　作曲：小林明子　歌：小林明子

もしも願いが叶うなら　吐息を白いバラに変えて
逢えない日には　部屋じゅうに
飾りましょう　貴方を想いながら
Daring I want you　逢いたくて
ときめく恋に　駆け出しそうなの
迷子のように立ちすくむ　私をすぐに届けたくて
ダイヤル回して　手を止めた
I'm just a woman　Fall in love

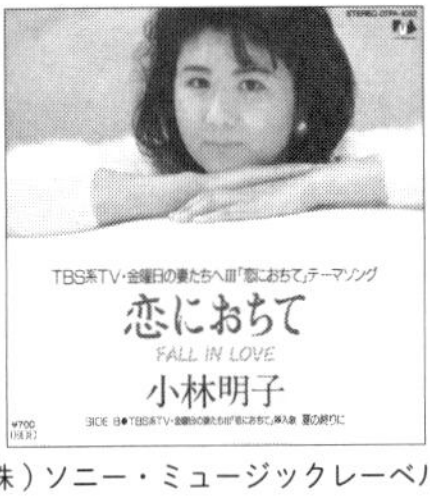

提供：（株）ソニー・ミュージックレーベルズ

今では当たり前の「郊外に一軒家を買って都心に電車で通勤する」というライフスタイルを考案したのは、阪急電鉄の創始者小林一三である。そのビジネスモデルを関東圏に導入したのが東急の総帥五島慶太だった。

五島は戦後間もなく川崎市宮前地区や横浜市北部の「大山道」の沿道の宅地開発を計画。長らくバスしか交通手段のなかったこの地域に鉄道路線を敷いて、包括的な宅地開発を目指した。

昭和38年、溝の口~長津田間に東急田園都市線が開業。以後、路線を小田急江ノ島線に接続する中央林間まで延ばし、渋谷方面の新玉川線および地下鉄半蔵門線と直通することで都心への新たな通勤ルートを確立した。

そんな田園都市線の存在を全国に知らしめたのが、昭和58年にスタートしたTBSドラマ「金曜日の妻たちへ（金妻）」だった。そして、昭和60年に第3シリーズとして「金曜日の妻たちへⅢ・恋におちて」が放映される。

田園都市線沿線に暮らす40代半ばの3組の夫婦が交流する中で、かつて恋人同士だった二人の再会が、家族の、そして友人たちの関係に大きな波紋を投げかける。いわゆる〝不倫〟ドラマの象徴としてファンの記憶に残っているようだが、不倫はテーマというより、働き盛りの複数の夫婦が接する中で登場人物の心が最も揺り動かされる起点になった、という位置づけだろう。

このシリーズの第1作、第2作では、主題歌に洋楽が選ばれたが、第3作にはオリジナル作品が用意された。それが小林明子の歌った『恋におちて～ Fall in Love ～』である。

小林は、もともと作曲家を目指していたOLで、自作のデモテープを番組関係者に送ったことからデビューへの道が開けた。彼女の歌声はカーペンターズの妹カレンに似ていると評価され、ボーカルも担当することになる。

その主題歌の作詞を託されたのが音楽評論家の湯川れい子だった。番組としては、劇中に流す際に台詞の邪魔にならないよう英語の詞が望ましいと考え、翻訳も手がける湯川に依頼したようだ。

小林の清潔感のある甘い声を聴いた湯川は、当初はカーペンターズをイメージした明るい内容の英語詞を書いた。すると、放送開始2カ月前に、レコード会社から「日本語で書いてほしい」と方針変更の連絡が入る。英語ではレコードが売れないというのだ。仕方なく、湯川は日本語の詞に書き換える。

ところが、「ドラマで不倫を扱うので、それを匂わせてほしい」と追加の直しが発生。ちょうど夏休みに入った頃で、湯川は親戚を含めてたくさんの子供たちと休暇を過ごしていた。そんな環境で不倫を匂わせる歌を書くのは至難の業だったという。

Daring I need you　どうしても
口に出せない　願いがあるのよ
土曜の夜と日曜の　貴方がいつも欲しいから

それでも何とか詞を書き直し、OKが出てホッとしていると、今度はドラマの演出家から「一カ所だけ直してほしい」と連絡が入る。当時は、電話がプッシュホンに置き換わり始めた頃。歌詞に出てくる「ダイヤル」を「プッシュホン」に直せという指示だった。

しかし、回したダイヤルが戻るわずかな時間に生まれる女心のゆらぎが、この詞の〝キモ〟であると捉えていた湯川は、修正を断固拒否した。

最終処理を現場に委ねて迎えたオンエア当日、流れてきた主題歌に耳をそばだてると……。

ダイヤル回して　手を止めた

あとから聞いたところでは、間に入ったレコード会社のディレクターが放送直前まで時間を稼ぎ、差し替えができないタイミングで局側に「ダイヤル」のまま音源を渡したらしい。隠れたファインプレーだった。

この主題歌の人気もあと押しして、『金妻Ⅲ』は最高視聴率20％を超える大ヒットドラマとなった。

あれから30年近くが経ち、田園都市線沿線で暮らす人々も高齢化が進み、今では坂道の多いこの地域から離れる人も多いとのこと。テレワークの普及などで通勤事情も変化してきている。

こうして〝憧れのライフスタイル〟は、時代とともに上書きされていくのだろう。

時の流れに身をまかせ（昭和61年）

作詞：荒木とよひさ　作曲：三木たかし　歌：テレサ・テン

もしもあなたと　逢えずにいたら
わたしは何を　してたでしょうか
平凡だけど　誰かを愛し
普通の暮らし　してたでしょうか
時の流れに　身をまかせ
あなたの色に　染《そ》められ
一度の人生それさえ
捨《す》てることもかまわない
だからお願い　そばに置いてね
いまはあなたしか　愛せない

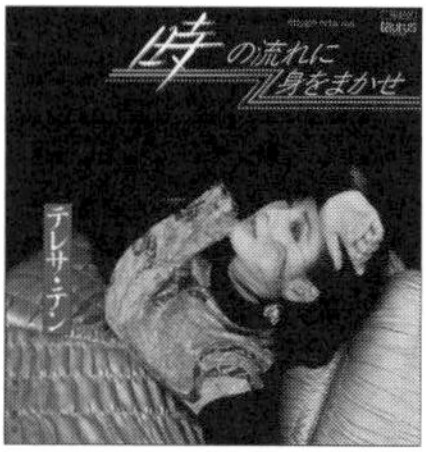

昭和46年、台湾出身の歌手欧陽菲菲が来日して『雨の御堂筋』を大ヒットさせると、翌年、香港からアグネス・チャンが現れ、『ひなげしの花』や『草原の輝き』などヒット曲を連発した。その二人の成功に続いて来日したのが、台湾出身のテレサ・テンこと鄧麗君（デン・リージュン）だった。

当時テレサは21歳。10代半ばでレコード・デビューし、映画にも主演。台湾や香港、シンガポールなど中華圏ではすでに名のあるトップスターだった。

日本の関係者が香港でテレサの舞台を見てスカウトし、来日を説得。昭和49年に『今夜かしら明日かしら』でデビューを果たす。ポップス系で臨んだデビュー曲では大きな成果は上げられなかったが、演歌調に軌道修正した2枚目の『空港』で初ヒットを記録した。

テレサを含め、海外から来日した歌手は、日本語の歌詞を間違えないよう懸命に歌おうとする。聴き手はそこに、日本人が忘れがちな〝ひたむきさ〟を感じ取るのだろう。テレサの日本進出は順調に進みつつあった。

ところが、テレサに日本への入国手続き上の不備が発覚。結局、「国外退去、1年間の入国禁止」という裁定が下され、テレサの日本での人気は失速してしまったのである。

昭和58年、30代を迎えたテレサはレコード会社を移籍して心機一転を図ることになり、作詞・作曲に荒木とよひさと三木たかしのコンビが招かれた。

この時、制作チームはテレサが日本に長期滞在できない弱点を逆手に取り、有線放送を有効に使う戦略を立てた。

三木はインストゥルメンタルのように「何度聴いても邪魔にならない」ライトなメロディを作り上げる。

一方、荒木には「都会的な歌に」との注文が入り、ワンルームマンションをイメージしてこんな導入を書いてみた。

窓に西陽《にしび》が　あたる部屋は
いつもあなたの　匂《にお》いがするわ

『つぐない』より

「窓に西陽があたる部屋」は一般にはマイナスとされるが、荒木は西陽を浴びながら部屋を出ていく女の後ろ姿に、遣り切れない哀しみを投影させた。後日、荒木は不動産業を営む知人から「西陽のあたる部屋」を探す女性が増えていると聞かされ、この歌がヒットする確信を得たという。

こうして『つぐない』は、当初の目論見通りに有線放送から火がついて息の長いヒット曲に。昭和59年の日本有線大賞と全日本有線放送大賞のダブル受賞を記録した。

翌昭和60年にも、『愛人』で有線大賞のダブル受賞を達成。これで〝有線放送の女王〟の称号を得たテレサは、三木・荒木コンビとともに3年連続のダブル受賞を目指すことになる。

3作目のコンセプトは、テレサが長く歌い続けられるスタンダード曲。ところが、三木のメロディづくりがうまくいかない。「これでダメなら下りる」と覚悟した三木は、サビの部分にそれまでテレサに書いてきた最高音より1音高い音を使い、絞り出すようにメロディを書き上げた。

だからお願い　そ〝ば〟に置いてね

デモテープを受け取った荒木は、三木が勝負を賭けた最高音に、破裂音の〝ば〟を当てて引き立てた。するとテレサは、その最高音をファルセット（裏声）で切なく美しく響かせ、二人から送られたメッセージに応えたのである。

三者の思いが共鳴した『時の流れに身をまかせ』は、テレサ最大のヒット曲となり、前人未到の3年連続有線大賞のダブル受賞を成し遂げた。

その後も三木・荒木コンビはテレサに作品を提供し続けた。

ところが、平成7年の初夏、テレサは休暇で訪れたタイ、チェンマイで気管支喘息の発作により急死してしまう。本来なら日本でレコーディングする時期だったが、三木の作曲が遅れたために来日が延期されていた。日本に来ていれば、もしかしたら助かったかもしれない……三木はテレサの魂に心から詫びるしかなかった。

◆参考文献

『生命ある限り〜吉田正・私の履歴書』吉田正（日立市民文化事業団）
『吉田正　永遠の30曲』塩澤実信（展望社）
『ミッチーの人生演歌』三橋美智也（翼書院）
『リセット。』山下敬二郎（人間と歴史社）
『昭和歌謡1945〜1989』平尾昌晃（廣済堂新書）
『大晩年〜老いも病いも笑い飛ばす！』永六輔（中央公論新社）
『永六輔の伝言／僕が愛した「芸と反骨」』矢崎泰久編（集英社新書）
『「黒い花びら」「夜明けのスキャット」「黄昏のビギン」誕生秘話』（中央公論2013年1月号）
『東京歌物語』東京新聞編集局（東京新聞出版局）
『安保と青春 されどわれらが1960』（文藝春秋2010年12月号）
『わが青春物語』石原裕次郎（マガジンハウス）
『東京メトロ（発車メロディー）〜銀座の恋の物語〜』（牧村旬子オフィシャルサイト）
『上を向いて歩こう』坂本九（日本図書センター）
『抱えきれない夢〜渡辺プロ・グループ四〇年史』（渡辺音楽文化フォーラム）

『ハナ肇とクレージーキャッツ物語』山下勝利（朝日新聞社）
『漣健児イロいろアリーナＰａｒｔ．１』（コラム、漣健児オフィシャルサイト）
『若いってすばらしい』宮川泰（産経新聞出版）
『歌に恋して～評伝岩谷時子物語』田家秀樹（武田ランダムハウスジャパン）
『夢追い人』遠藤実（家の光協会）
『この歌この歌手（上）運命のドラマ１２０』読売新聞社文化部（社会思想社 現代教養文庫）
『中村八大編〈４８３〉こんにちは赤ちゃん』（西日本新聞 WEB 2020/10/19）
『中村八大編〈４８４〉ママの歌への変更』（西日本新聞 WEB 2020/10/26）
『ペギー葉山～原点は米軍クラブとバンド歌手だった。』
安倍寧（芸団協 CPRA 広報誌「SANZUI」vol.08_2015 autumn）
『「艶歌の竜」と歌謡群像』奥山弘（三一書房）
『歌、いとしきものよ』星野哲郎（岩波現代文庫）
『愛と哀しみのルフラン』岩谷時子（講談社）
『出会い～わが師わが道』石本美由起ほか（広島テレビ放送）
『日本の誇り～「歌」美空ひばりさん』（毎日新聞東京朝刊 1999/2/20）
『五分間の芸術 美空ひばりの「酒」』石本美由起（別冊サライ １９９８年12月27日号）

『ムッシュ！』ムッシュかまやつ（文春文庫）
『ハマクラの音楽いろいろ』浜口庫之助（立東舎文庫）
『生き方下手』西郷輝彦（ロングセラーズ）
【評伝】西郷輝彦さん、兄の遺志継ぎ鹿児島を飛び出し「音楽の道で生きていく」』（スポーツ報知　2022/2/22）
『歌との出逢い 愛とのめぐり逢い』中川博之（備北民報社）
『日本の作曲家物語・中川博之（1）』長田暁二（WILL2018年12月号）
『日本の作曲家物語・中川博之（2）』長田暁二（WILL2019年2月号）
『涙の川を渉るとき〜遠藤実自伝』遠藤実（日経BPマーケティング）
『大滝詠一のゴー！ゴー！ナイアガラ〜日本ポップス史』（シンプジャーナル別冊）
『橋本淳氏インタビュー』（ジャッキー吉川とブルー・コメッツ オフィシャルサイト）
『〝3人娘〟時代は一番ふてくされていた!?〜伊東ゆかりが明かした歌手生活』（MBSコラム）
『有馬三恵子（作詞家）共鳴呼んだ女性目線の素直な恋心』篠木雅博（iZa　2020/8/19）
『わが人生に悔いなし』なかにし礼（河出書房新社）
『翔べ！ わが想いよ』なかにし礼（新潮文庫）
『昭和の歌藝人 三波春夫』三波美夕紀（さくら舎）
『新ドレミファ交遊録』いずみたく（サイマル出版会）

『夢の中に君がいる』越路吹雪／岩谷時子（講談社）
『筒美京平～大ヒットメーカーの秘密』近田春夫（文春新書）
『名曲『ブルーライトヨコハマ』の「街の灯りがとてもきれい」とはどの街のこと？ 作詞者に直撃してみた』
（はまれぽ.com　2014/8/3）
『明日へのスキャット』由紀さおり（集英社）
『いずみたく先生の残した愛と死』由紀さおり（婦人公論1992年7月号）
『由紀さおり『夜明けのスキャット』は、なぜかくも人を感動させたのか』（週刊現代　2019/08/10）
『長崎の歌（52）浜町～銅座～思案橋コース』宮川密義（長崎Webマガジン ナガジン）
『太陽がくれた歌声』皆川おさむ（主婦と生活社）
『「たいやきくん」は大人向け?～誕生100年、童謡の歴史』（日経スタイル　2018/7/1）
『怨歌の誕生』五木寛之（双葉文庫）
『心歌百八つ～平成の風聖・石坂まさを』大下英治（双葉社）
『日本の伝統文化の演歌を絶やすな！　超党派「演歌議連」発足へ』（産経新聞　2016/3/2）
『作詞入門　阿久式ヒット・ソングの技法』阿久悠（岩波現代文庫）
『生きっぱなしの記』阿久悠（日経ビジネス人文庫）
『安井かずみがいた時代』島﨑今日子（集英社文庫）

『DISCOVER JAPAN 40年記念カタログ』藤岡和賀夫編（ＰＨＰ研究所）
『夢歌恋歌心歌～五木ひろし②』大下英治（週刊大衆１９９４年11月21日号）
『五木ひろしの〈よこはま・たそがれ〉を語ろう』（週刊現代２０１４年6月14日号）
『まがって、シャン！』中村泰士（遊タイム出版）
『吉田旺氏〝黒いふちどりの報らせ〟中村泰士さん悼む』（日刊スポーツ　2020/12/24）
『ちあきなおみ 沈黙の理由』古賀慎一郎（新潮社）
『あの素晴らしい「昭和大ヒット曲」をもう一度（4）大野真澄「学生街の喫茶店」』（アサ芸プラス　2019/3/7）
『be on Saturday うたの旅人』（朝日新聞　2011/2/12）
『歌はいきなり上手くなります！～小坂明子の美味しいヴォーカル・メソッド』小坂明子（言視舎）
『黄金の〝ミリオンセラー歌姫〟を総直撃〈小坂明子「あなた」〉初めて作詞作曲した歌に込められた意外な怨念』（アサ芸プラス　2020/11/3）
『郷ひろみを育てた名プロデューサーの曲の誕生にまつわる秘話』（ニッポン放送 NEWS ONLINE）
『吉田拓郎が作曲した「襟裳岬」大ヒットのウラ話』小堀勝啓の新栄トークジャンボリー（RadiChubu ＣＢＣラジオ）
『もういいかい まあだだよ』小椋佳（双葉社）
『風街とデラシネ　作詞家・松本隆の50年』田家秀樹（ＫＡＤＯＫＡＷＡ）

『はるみがやめるなら僕もやめたいヨ』（小説宝石1984年6月号）
『私を支えたひと言～「大丈夫、それでいいんだ」の返事。』都はるみ（潮2008年1月号）
『「企み」の仕事術』阿久悠（ロング新書）
『山口百恵　無口なヒロインがもらしたひと言』阿木燿子（文藝春秋2000年1月号）
『現代の肖像～作詞家 阿木燿子』有田芳生（AERA1994年12月26日号）
『人生に乾杯41 阿木燿子』（週刊朝日2012年8月10日号）
『作詞家・阿久悠の軌跡』（リットーミュージック）
『All About Candies BEST! DVD BOOK』アミューズメント出版部編（講談社）
『芸能ビジネスを創った男～渡辺プロとその時代』野地秩嘉（新潮社）
『ジュディ・オング〈魅せられて〉を語ろう』（週刊現代2018年7月7日号）
『南太平洋の旅～島で刺激、帰国後ヒット連発』酒井政利（日本経済新聞2015年7月13日号）
『阿木燿子 書く詞の数だけ、生きてきた』水田静子（婦人公論2016年2月9日号）
『フィンガー5の晃が還暦に　激動の半生』（デイリースポーツ　2021/5/31）
『ふたりの異邦人～久保田早紀＊久米小百合自伝』久米小百合（フォレストブックス）
『谷村新司の不思議すぎる話』谷村新司（マガジンハウス）
『この歌この歌手（下）運命のドラマ120』読売新聞社文化部（社会思想社 現代教養文庫）

『女ですもの泣きはしない』湯川れい子（KADOKAWA）
『私の家は山の向こう〜テレサ・テン十年目の真実』有田芳生（文春文庫）
『ORICON CHART BOOK—All singles Listing by Artist』（オリコン）

松井信幸（まついのぶゆき）

脚本家、放送作家、フリーライター
1963年愛知県出身、信州大学人文学部卒業 。情報系、経済系TV番組の構成や、企業向けVP作品、インフォマーシャル、生配信イベントなどを幅広く手がけ、脚本家出身の経験を生かし、ドラマ的手法を用いて人物の生涯を劇的に振り返る作風が評価されている。
主な脚本作品に『横浜心中』(NTV系)、『鉄道警察官・清村公三郎シリーズ』(TX系)、主な構成作品に『昭和偉人伝』(BS朝日)、『ザ・偉人伝』(BS朝日)、『追悼なかにし礼 ラストメッセージ』(BS11)、『GINZA CROSSING Talk』(日経CNBC)、『日経スペシャル 日本株は買いか』(日経CNBC)、主な著書に『マエストロ、それはムリですよ……』(ヤマハミュージックエンタテインメントホールディングス)、『駅スタンプの旅』(エイ文庫) などがある。

日本音楽著作権協会（出）許諾第2304421-301号
NexTone許諾番号PB000053776号

アルソス新書701

昭和《しょうわ》歌謡《かよう》ものがたり

2023年7月29日　第1刷発行

著　者　松井《まつい》信幸《のぶゆき》
発行者　林 定昭
発行所　アルソス株式会社
〒203-0013　東京都東久留米市新川町2丁目8-16
Tel: 042-420-5812（代表）
https://alsos.co.jp
印刷所　株式会社 光邦

デザイン　森 裕昌（森デザイン室）

ISBN 978-4-910512-06-8　C0295